CURSUS

Prüfungstraining 2
für Schulaufgaben/Klassenarbeiten

Ausgabe A/B/N, Lektion 21–36

Herausgegeben von
Prof. Dr. Friedrich Maier und Dr. Stephan Brenner

Bearbeitet von
Michael Hotz und Prof. Dr. Friedrich Maier

Oldenbourg
C.C. Buchner
Lindauer

Cursus, Ausgabe A/B/N – Unterrichtswerk für Latein

herausgegeben von Prof. Dr. Friedrich Maier und Dr. Stephan Brenner
und bearbeitet von
Britta Boberg, Reinhard Bode, Dr. Stephan Brenner, Prof. Andreas Fritsch, Michael Hotz, Prof. Dr. Friedrich Maier, Wolfgang Matheus, Ulrike Severa, Hans Dietrich Unger, Dr. Sabine Wedner-Bianzano, Andrea Wilhelm

Berater: Hartmut Grosser

Die Veröffentlichung dieser Hilfen zur Vorbereitung auf Schulaufgaben/Klassenarbeiten wäre nicht möglich geworden, wenn nicht Kolleginnen und Kollegen von ihnen erarbeitete Prüfungsaufgaben bereitwillig zur Verfügung gestellt hätten. Diese sind hier, mehr oder minder verändert, zusammengestellt und mit Lösungen versehen worden. Herausgeber und Bearbeiter bedanken sich ganz herzlich bei den „Aufgabenstellern", u. a. bei Josef Braun, Andrea Brem, Christian Czempinski, Birgitta Elendner, Dr. Thomas Feicht, Eva Friedel, Arndt Galleithner, Stefan Koll, Dr. Michaela Krell, Karin Laqua, Daniel Lauber, Jürgen Proske, Arthur Rost, Maria und Hans Dietrich Unger, Brigitte Würth.

Redaktion: Andrea Forster
Illustration: Gisela Vogel, München
Umschlagkonzept: Mendell & Oberer, München
Umschlaggestaltung: Groothius, Lohfert, Consorten GmbH, Hamburg
Umschlagfotos vorne: Bridgeman Art Library, London; VICTORY/De Angelis Produktion
           „Julius Caesar", Kaufbeuren; Dr. Peter Grau, Eichstätt
         hinten: Reinhard Bode, Baden-Baden; Skulpturensammlung Dresden/Albertinum
Technische Umsetzung: artesmedia GmbH, Glonn

www.oldenbourg.de/osv
www.ccbuchner.de

1. Auflage, 6. Druck 2013

Alle Drucke dieser Auflage sind inhaltlich unverändert und können im Unterricht nebeneinander verwendet werden.

© 2012 Oldenbourg Schulbuchverlag GmbH, München
© 2012 C.C. Buchners Verlag, Bamberg

Das Werk und seine Teile sind urheberrechtlich geschützt.
Jede Nutzung in anderen als den gesetzlich zugelassenen Fällen bedarf der vorherigen schriftlichen Einwilligung des Verlages.
Hinweis zu den §§ 46, 52 a UrhG: Weder das Werk noch seine Teile dürfen ohne eine solche Einwilligung eingescannt und in ein Netzwerk eingestellt oder sonst öffentlich zugänglich gemacht werden.
Dies gilt auch für Intranets von Schulen und sonstigen Bildungseinrichtungen.

Druck: H. Heenemann, Berlin

ISBN 978-3-637-00744-4 (Oldenbourg Schulbuchverlag)
ISBN 978-3-7661-5378-4 (C.C Buchners Verlag)
ISBN 978-3-87488-744-1 (J. Lindauer Verlag)

 Inhalt gedruckt auf säurefreiem Papier aus nachhaltiger Forstwirtschaft.

Vorwort

Liebe Schülerinnen und Schüler!

Ein bekanntes Sprichwort aus der Antike lautet: „Die Götter haben vor den Erfolg den Schweiß gesetzt."

Das meint: Wenn man bei der Arbeit oder im Sport ein gutes Ergebnis erzielen will, muss man sich vorher gehörig anstrengen. Das gilt für den Körper ebenso wie für den Geist.
Beim einen muss man Kraft, Schnelligkeit und Ausdauer trainieren, beim anderen Kenntnisse, Genauigkeit und Kombinationsfähigkeit.

Prüfungen sind z.B. solche „Wettkämpfe", wo sich eure Fähigkeiten bewähren sollen.
Und da ihr dabei sicher erfolgreich sein wollt, bereitet ihr euch durch Wiederholung und Übung intensiv darauf vor. Man kann diese Vorbereitung auch ganz gezielt gestalten.
Wie ein Astronaut vor dem ersten Weltraumflug im Simulator die Anforderungen des Ernstfalls trainiert, so habt ihr im vorliegenden „Prüfungstraining" die Möglichkeit, den Ernstfall der Prüfung zu simulieren, d.h. ihr könnt euch, was Form und Schwierigkeitsgrad der Lateinprüfung (Schulaufgabe/Klassenarbeit) anbelangt, gezielt vorbereiten und euren Wissensstand selbst testen. Denn die Aufgaben sind jeweils genau auf die Lektionsstoffe des CURSUS in Wortschatz, Grammatik und Sachteil abgestimmt. Für jede der vier Unterrichtsphasen sind jeweils acht Prüfungsaufgaben vorhanden – also genügend Gelegenheiten zum Trainieren.

Zu einem gut geplanten Trainingsprogramm gehört es, dass man sich für die Trainingseinheit eine Zeitgrenze setzt. Dabei sollten euch pro Einheit 40 bis 45 Minuten ausreichen. Wenn ihr diesen Zeitrahmen bei jeder Trainingseinheit einhaltet, bekommt ihr auch ein Gefühl für das richtige „Zeitmanagement" während der Prüfung.

Die Trainingseinheiten bestehen entweder aus einer reinen Übersetzung oder aus einem Übersetzungs- und einem Aufgabenteil, wobei der Aufgabenteil in die drei Bereiche *Sprache*, *Grundwissen* und *Antike Kultur* unterteilt ist. Dies soll euch zur besseren Orientierung innerhalb des Aufgabenteils dienen, außerdem könnt ihr so die gesamte Bandbreite eurer Lateinkenntnisse überprüfen. Für die Bearbeitung des Aufgabenteils solltet ihr etwa ein Viertel bis ein Drittel der gesamten Zeit, also ca. 10–15 Min., einplanen.

Die Lösungen zu den einzelnen Aufgaben findet ihr ebenso wie die deutschen Übersetzungen der lateinischen Texte im beigelegten Lösungsteil. Er soll euch zur Kontrolle eurer Arbeitsergebnisse dienen, aber auch dazu, eventuell vorhandene Wissenslücken zu beseitigen. Schreibt euch z.B. alle Vokabeln, die ihr nicht gewusst habt, mit allen Bedeutungen in einer Liste zusammen oder erstellt eine „Grammatik-Checkliste" mit allen Formen, Konstruktionen etc., bei denen ihr Wissenslücken oder auch nur Unsicherheiten bemerkt habt, und arbeitet sie mithilfe eures Buches und der Grammatik noch einmal gründlich durch. Auf diese Weise könnt ihr euren Trainingsplan optimieren und seid dann, wenn es darauf ankommt, fit für jede Prüfung.

Übrigens: Wenn ihr wissen wollt, mit welcher Note in etwa ihr die einzelne Trainingseinheit abgeschlossen habt, könnt ihr auf der Tabelle, die am Beginn des Lösungsteils aufgeführt ist, nachschauen.

Viel Erfolg bei der Arbeit in eurem „Latein-Trainingslager" wünschen euch

die Verfasser.

Phase 1

1 Übersetzung (ohne Zusatzaufgabe) bis Lektion 24

✓ **Äneas und Dido**

✓
1. Postquam Troia capta est, Troianis sedibus novis opus erat.
2. Sed primo ad litus Africae venerunt, ubi a Didone regina libenter accepti sunt.
3. Quae Carthagine[1] patriam novam invenerat.
4. Dum Aeneas ibi de bello Troiano narrat, regina vehementi in eum amore accensa est.
5. Sed post unum annum Aeneas a Mercurio, nuntio Iovis, de voluntate fati monitus est. Et cito ab Africa decedere iussus est.
6. Ubi autem Dido sensit Troianos classem praeparare, summo dolore fracta est.
7. Amor reginae in odium[2] Aeneae mutatus est.
8. „Numquam", inquit, „inter Romanos et Carthaginienses pax erit!"
9. Paulo post sine timore mortis se interfecit. *Lektion 33*   95 LW

   1) Carthagine: in Karthago 2) odium, -i: Hass

2 Übersetzung (ohne Zusatzaufgabe) bis Lektion 24

✓ **Romulus und Remus**
✓

1. Amulius Numitorem fratrem, qui tum loca Latii[1] regebat, urbem relinquere coegit.
2. Postquam autem filium eius interfecit, Mars Reae Silviae, filiae Numitoris, apparuit.
3. „Non debes", inquit, „timere. Tibi auxilio aliorum opus non erit.
4. Nam duo filii tibi erunt, qui postea adulescentes[2] avo suo regnum reddent.
5. Pugna momentum faciet."
6. Et Rea Silvia, quod his verbis dei fidem habebat, spe salutis capta est.
7. Profecto mox duos pueros, quorum pater Mars erat, habuit.
8. Sed Amulius, postquam Ream Silviam filios habere audivit, eos crudeliter tollere voluit.
9. Servi autem misericordia puerorum commoti sunt; a quibus filios in ripa Tiberis expositos esse comperimus.
10. Ibi eos a lupa inventos et nutritos[3] esse scimus.   103 LW

    1) Latium, -i: Latium (Landschaft um Rom) 2) adulescentes: als junge Männer
    3) nutrire (nutrio, nutrivi, nutritum): ernähren

+ das Mitleid

| Prüfungstraining | Phase 1 |

3 ◀ A) Übersetzung   bis Lektion 24

Odysseus und Äneas ✓

1. Multos e Troia incolumes evasisse et patriam petivisse scimus.
2. Aeneas Troianus, postquam e moenibus incensis ef-fugit, sibi suisque patriam novam parare studuit.
3. Ulixes Graecus secum dixit: „Cum salvus litora patriae adiero, sacrificabo."
4. Sed ab utroque ira deorum commota est.
5. Quam ob rem diu per ingentia maria errare debuerunt, in quibus eis a gentibus crudelibus insidiae paratae sunt.
6. Semper eis auxilio deorum opus fuit, semper eos spes salutis tenuit.
7. Postremo eis dei faverunt. Ita ambo feliciter in patriam venerunt.   78 LW

B) Aufgabenteil

> SPRACHE

1. Was passt zusammen? Kombiniere und füge das Adjektiv grammatikalisch richtig zum jeweiligen Substantiv.   3 BE

magnam	spei	▷ ....
adversas	fidem	▷ ....
nullius	res	▷

2. Ergänze die passende Form von *hic, haec, hoc*.   3 BE

_____ loci   _____ ducem   _____ pedibus

3. Bilde zu folgenden Adjektiven jeweils das Adverb.   2 BE

crudelis _____   blandus _____

4. Kasusspezialist gesucht: Erkläre, um welchen Kasus und welche Sinnrichtung es sich bei der unterstrichenen Wendung handelt.   2 BE

vir egregia forma

_____

Phase 1

▶ GRUNDWISSEN

5. Gib an, welche Figur aus dem antiken Mythos in dieser Abbildung dargestellt ist. Über welche besondere „Fähigkeit" verfügte sie?

   _____

   _____

2 BE

▶ ANTIKE KULTUR

6. Ergänze den folgenden Lückentext.

   Der griechische Dichter _____ war der Verfasser

   der beiden Epen _____ und „Odyssee". In der „Odyssee"

   beschreibt er die Heimkehr des Odysseus von _____

   nach Ithaka und die Abenteuer, die er dabei bestehen musste. Unter anderem begegnete

   er auch der Zauberin _____ , die seine Gefährten in

   _____ verwandelt hatte. Doch mit der Hilfe des Gottes

   _____ konnte Odysseus die Zauberin besiegen und

   seine Gefährten befreien.

3 BE

7. Mutter Latein und ihre Töchter: Gib zu den folgenden italienischen Partizipien das entsprechende lateinische PPP und die deutsche Übersetzung an (z. B. fatto ▷ factum ▷ gemacht).

   a) **lavorato** ▷ _____ ▷ _____

   b) **promesso** ▷ _____ ▷ _____

2 BE

8. Gib an, in welchem Troianer die Römer ihren „Stammvater" sahen.

   _____

1 BE

Gesamt:
18 BE

Prüfungstraining — Phase 1

4 A) Übersetzung
bis Lektion 24

Mit List gegen Troia ✓

1. Paris Helenam in Asiam abduxerat.
2. Itaque Graeci, postquam magnam classem coegerunt, Asiam adierunt Troiamque circumdederunt.
3. Primo viri fortes vehementer ante alta urbis moenia contenderunt, tum Graeci constituerunt oppidum dolo fraudeque superare.
4. Ulixes, vir summae prudentiae, sociis suis ita persuasit:
5. „Collocate magnum equum ligneum¹ in litore ante urbem sito!"
6. Tum Graecos his verbis incendit: „Nobis audacia in Troianos opus erit.
7. Quos gladiis strictis invademus, cum portae oppidi apertae erunt.
8. Nemo eorum evadet, nos incolumes in patriam redibimus."

77 LW

1) *ligneus, -a, -um*: hölzern, aus Holz

B) Aufgabenteil

▷ SPRACHE

1. Verwandle unter Beibehaltung von Tempus, Person und Numerus die folgenden Verbformen vom Aktiv ins Passiv bzw. vom Passiv ins Aktiv.

   4 BE

   irrisi sumus ▷ _____

   fecerunt ▷ _____

   servaveram ▷ _____

   commotus es ▷ _____

2. Gleich und doch nicht gleich: Übersetze den Genitiv der folgenden Wendung auf zwei unterschiedliche Weisen ins Deutsche.

   2 BE

timor hostium — die Furcht _____

— die Furcht _____

3. Anschluss gesucht! Ergänze jeweils den zweiten Satz dadurch, dass du den relativischen Satzanschluss in der richtigen Form bildest.

   2 BE

   a) Paris Helenam abduxerat. _____ valde amabat.

   b) Graeci quondam cum Troianis pugnabant. _____ urbem diu defenderunt.

4. Aus Adjektiv mach Adverb: Verwandle die folgenden Wendungen in Handlungen, die von einem Adverb bestimmt werden (z. B. vita misera ▷ misere vivere).   2 BE

timor vehemens ▷ _____

vox blanda ▷ _____

▷ GRUNDWISSEN

5. Adverb und Adjektiv haben unterschiedliche Funktionen im Satz.
Erkläre kurz, welche Aufgabe ein Adjektiv und welche ein Adverb hat.   2 BE

_____

_____

▷ ANTIKE KULTUR

6. Welches Abenteuer des Odysseus ist auf der Briefmarke aus Griechenland dargestellt?
Erkläre mithilfe deiner Kenntnisse des Mythos, weshalb Odysseus an den Mast gefesselt ist.   3 BE

_____

_____

_____

_____

7. Woher kommt das jeweilige Fremdwort? Gib das lateinische Ursprungswort in seiner Lernform (Nominativ Singular bzw. Infinitiv Präsens) an.   2 BE

Die Autowerkstatt hatte **vehement** bestritten, dass der **Defekt** am Auto von ihr verursacht worden war.

_____   _____

8. Kennst du dich in der Unterwelt aus? Wie lautet im antiken Mythos der Name des Unterweltflusses?   1 BE

_____

Gesamt:
18 BE

Prüfungstraining   Phase 1

5 A) Übersetzung   bis Lektion 24

Merkur bei Äneas

1. Mercurius ab Iove iussus est: „Quaere Aeneam inter amicos Africanos[1]!

2. Expone ei omnia, quae genti Troianorum fato destinata sunt. Auctoritas eius magna erit, si consiliis meis paruerit."

3. Nuntius deorum, postquam ad litus Africae venit: „Relinque, Aeneas", inquit, „statim Africam, quoniam dei te alteram urbem condere voluerunt.

4. Quae quidem caput orbis terrarum erit.

5. Et tu imperator hominum eris, ubi moenia nova exstructa erunt."

6. Quibus verbis blandis Aeneas monitus est; itaque deo statim paruit.

7. Paulo post dux Troianorum, vir magna prudentia, ab Africa discedere non iam dubitavit.   84 LW

   1) *Africanus, -a, -um: afrikanisch*

B) Aufgabenteil

▷ SPRACHE

1. Immer flexibel bleiben: Setze die folgenden Wendungen in die angegebenen Fälle.   4 BE

   hoc studium ▷ Genitiv Singular   ▷ Akkusativ Plural

   _____   _____

   haec gens ▷ Dativ Singular   ▷ Genitiv Plural

   _____   _____

2. Bei folgenden Wendungen ist jeweils nur eine richtige Übersetzung des Genitivs möglich. Gib sie an.   3 BE

   spes salutis _____

   domus patris _____

   cupiditas libertatis _____

3. Capito? Auf welche lateinischen Wörter sind die unterstrichenen italienischen zurückzuführen? Gib jeweils auch die deutsche Bedeutung an.   3 BE

	Lateinisches Ursprungswort	Deutsche Bedeutung
una grande <u>autorità</u>		
con <u>voce</u> alta		

Phase 1

4. Wähle die richtige lateinische Form aus.   1 BE

                              a) respexeramus

wir hatten berücksichtigt   b) respecti eramus

                              c) respexerimus

▷ **GRUNDWISSEN**

5. Erkläre kurz: Wer waren die Dioskuren?   2 BE

_____

_____

▷ **ANTIKE KULTUR**

6. Was passiert denn hier? Erkläre, wer die Personen auf diesem Relief sind und welcher
Moment dieser Geschichte aus dem antiken Mythos dargestellt wird.   4 BE

_____

_____

_____

_____

_____

7. Stelle kurz dar, woher wir relativ viel über den Alltag der antiken Etrusker wissen.   2 BE

_____

_____

_____

Gesamt:
18 BE

Prüfungstraining — Phase 1

6 A) Übersetzung
bis Lektion 24

Odysseus' Entrüstung

1. Ulixes, postquam in Ithacam insulam rediit, dolore et ira vehementer commotus est.
2. „Troia", inquit, „dolo meo capta est. Monstra[1] magna crudelitate[1] prudentia mea superata sunt.
3. Sine spe cum sociis per totum orbem erravi. Tandem fortuna me incolumem in patriam reduxit.
4. Sed quid hic vidi? Tantum nefas!
5. Proci[2] enim cupiditate mulieris meae incensi sunt. Qui Penelopam verbis blandis adeunt et res meas corripiunt.
6. Ego a deis valde deceptus sum. Neque enim ad meos redii, sed ad hostes!"

84 LW

1) crudelitas, -atis: Grausamkeit 2) procus, -i: Freier

B) Aufgabenteil

▷ SPRACHE

1. Irrtum ausgeschlossen? Gib die Koordinaten derjenigen Formen an, die Formen des Plusquamperfekts sind (z. B. D 4).

3 BE

	A	B	C
1	eras	fuerunt	condita erat
2	fueras	errabas	invenerit
3	errat	vitaverunt	deceperamus

2. Auch eine Adverbform will erkannt sein: Nenne die drei Möglichkeiten, wie die Adverbien zu Adjektiven der ā/o- und der Konsonantischen Deklination im Signalteil gebildet werden.

3 BE

3. Kopfrechnen: Verwandle die Formen wie angegeben.

2 BE

   inventum est ▷ Plural   ▷ Plusquamperfekt

4. Um welchen Kasus und welche Sinnrichtung handelt es sich bei der unterstrichenen Wendung? Übersetze möglichst elegant.

3 BE

   Hercules vir <u>summa vi</u> corporis fuit.

Phase 1

> **GRUNDWISSEN**

5. Gib zwei wichtige Eigenschaften an, die ein Demonstrativ-Pronomen auszeichnen.　　2 BE

_____

> **ANTIKE KULTUR**

6. Wie bezeichneten die Etrusker und Römer das abgebildete Fabeltier? Erkläre kurz, weshalb es auf den Betrachter bedrohlich wirkt.　　3 BE

_____

_____

_____

_____

_____

7. Nenne je eine berühmte Tat, die die mythischen Helden Perseus und Theseus vollbracht haben.　　2 BE

Perseus _____

Theseus _____

Gesamt: 18 BE

Prüfungstraining   Phase 1

7 A) Übersetzung   bis Lektion 24

Venus' Beschwerde bei Jupiter

1. „Mi[1] pater, quam vehementer ira fati commota sum!
2. Troia dolo et fraude Graecorum capta est. Qui urbem incenderunt et mulieres liberosque[2]
   interfecerunt. Tamen incolumes in patriam redierunt.
3. Sed Aeneas, vir summae pietatis[3], cum sociis misere per orbem errat.
4. Quem spes et fides deorum defecerunt.
5. Etiam ego a te decepta sum. Tu enim iuravisti Aeneam novam patriam invenire et nova
   moenia aedificare posse.
6. Cur sinis filium meum tantis doloribus opprimi et tantis insidiis circumdari?"   — Präsens   74 LW
                                                                                    Passiv Lektion 26

   1) mi: Vok. von *meus* *2) liberi, -orum:* Kinder *3) pietas, -atis:* Frömmigkeit

B) Aufgabenteil

> **SPRACHE**

1. Erstelle ein Wortfeld aus drei lateinischen Vokabeln zum Thema „wetteifern, kämpfen".   3 BE

   _____   _____   _____

2. Alles PPP oder was? Suche aus den folgenden Vokabeln die vier PPP-Formen heraus und
   übersetze sie.   4 BE

   alti – amati – arti – salutati – saluti – salvete – iussa – iudicia – cogito –

   commotum – condidi

PPP-Form	Deutsche Übersetzung

3. Kopfrechnen: Verwandle die Formen wie angegeben.   2 BE

   rem ▷ Dativ Plural   ▷ Dativ Singular   ▷ Genitiv Singular   ▷ Ablativ Singular

   _____   _____   _____   _____

4. Gib an, woran du eine Form des Plusquamperfekt Passiv erkennst.   1 BE

   _____

Phase 1

> **GRUNDWISSEN**

5. „Das ist ja der reinste Augias-Stall!" Erläutere kurz, was der Sprecher mit diesem Ausruf ausdrücken will.

2 BE

_____

_____

_____

_____

> **ANTIKE KULTUR**

6. Nachdem Äneas Dido verlassen hat, steigt er auch in die Unterwelt hinab, wo ihm viel Unbekanntes begegnet. Du als Mythosexperte kannst ihm aber helfen und ihm die folgenden Begriffe erklären.

3 BE

Tartarus   **Styx**   **sedes beatae**

_____   _____   _____

7. Deine Lateinkenntnisse helfen dir, z. B. im Französischen das Genus von Substantiven zu bestimmen. Weise den folgenden französischen Substantiven den korrekten Artikel zu (Maskulinum: le, Femininum: la, z. B. fable ▷ la fable).

2 BE

a) **mur** ▷ _____ mur   b) **famille** ▷ _____ famille

8. Erkläre kurz, woher die Toskana ihren Namen hat.

1 BE

_____

Gesamt:
18 BE

A) Übersetzung bis Lektion 25

Ein treuer Freund

1. Ulixes, postquam e multis periculis evasit, tandem ab hospitibus in patriam portatus est.
2. Sed viri superbi in regiam¹ Ulixis invaserant, quoniam hunc mortuum esse omnes putabant.
3. Statim Ulixes ira ingenti incensus ad regiam¹ suam contendit.
4. Quia enim forma eius a Minerva dea mutata erat, omnes ab Ulixe decepti sunt.
5. Qui regiae¹ appropinquabat, cum eum canis miser, qui ante portam iacebat, parva voce salutavit.
6. Ulixes hac re vehementer commotus dixit: „Tu solus me perspexisti, amice fide²!"

80 LW

1) regia, -ae: Königsburg, Palast 2) fidus, -a, -um: treu

B) Aufgabenteil

 SPRACHE

1. Ergänze die fehlenden Formen der Stammformenreihe und gib jeweils, wo möglich, zwei deutsche Bedeutungen an.

3 BE

pellere			
		perfectum	
	irrideo		

2. Übersetze die folgenden Partizipialkonstruktionen jeweils in der angegebenen Sinnrichtung. Die gedachten Prädikate stehen alle in der Vergangenheit.

3 BE

Urbs a Romulo condita …	temporal	▷
Tarquinius a plebe pulsus …	konzessiv	▷
Roma muris altis circumdata …	kausal	▷

3. Setze jeweils die richtige Form des PPP ein. Das entsprechende Verb ist in Klammern angegeben, das Bezugswort unterstrichen.

4 BE

<u>Urbs</u> ab hostibus _____ (capere)

<u>Romulus et Remus</u> ab Amulio _____ (exponere)

<u>civitati</u> a Bruto _____ (servare)

<u>Remum</u> a Romulo _____ (interficere)

> **GRUNDWISSEN**

4. S.P.Q.R. – im antiken wie im heutigen Rom war und ist diese Abkürzung allgegenwärtig. Gib an, wie sie ausgeschrieben lautet und was sie bedeutet.

2 BE

_____

_____

> **ANTIKE KULTUR**

5. Das „Vetorecht" ist eine „Erfindung" der antiken Römer, findet sich aber auch noch in unserem heutigen Rechtssystem. Erläutere, was unter diesem Vetorecht zu verstehen ist.

2 BE

6. PPPs stecken auch in vielen Abkürzungen. Wie lauten die folgenden Abkürzungen ausgeschrieben? Erkläre kurz, was sie bedeuten.

2 BE

P. S. = _____

a. Chr. n. = _____

7. Mutter Latein und ihre Töchter: Auf welche lateinischen Wörter sind die unterstrichenen spanischen zurückzuführen? Gib jeweils auch die deutsche Bedeutung an.

2 BE

el <u>vino</u> es <u>bueno</u>

Lateinisches Ursprungswort	Deutsche Bedeutung

Gesamt:
18 BE

Prüfungstraining — Phase 1

8 A) Übersetzung ✓ bis Lektion 25

Ein treuer Freund

1. Ulixes, postquam e multis periculis evasit, tandem ab hospitibus in patriam portatus est.
2. Sed viri superbi in regiam¹ Ulixis invaserant, quoniam hunc mortuum esse omnes putabant.
3. Statim Ulixes ira ingenti incensus ad regiam¹ suam contendit.
4. Quia enim forma eius a Minerva dea mutata erat, omnes ab Ulixe decepti sunt.
5. Qui regiae¹ appropinquabat, cum eum canis miser, qui ante portam iacebat, parva voce salutavit.
6. Ulixes hac re vehementer commotus dixit: „Tu solus me perspexisti, amice fide²!"

80 LW

1) *regia, -ae*: Königsburg, Palast 2) *fidus, -a, -um*: treu

B) Aufgabenteil

SPRACHE

1. Ergänze die fehlenden Formen der Stammformenreihe und gib jeweils, wo möglich, zwei deutsche Bedeutungen an.

3 BE

pellere			
		perfectum	
	irrideo		

2. Übersetze die folgenden Partizipialkonstruktionen jeweils in der angegebenen Sinnrichtung. Die gedachten Prädikate stehen alle in der Vergangenheit.

3 BE

Urbs a Romulo condita ...	temporal	▷
Tarquinius a plebe pulsus ...	konzessiv	▷
Roma muris altis circumdata ...	kausal	▷

Phase 1

3. Setze jeweils die richtige Form des PPP ein. Das entsprechende Verb ist in Klammern angegeben, das Bezugswort unterstrichen. 4 BE

<u>Urbs</u> ab hostibus _____ (capere)

<u>Romulus et Remus</u> ab Amulio _____ (exponere)

<u>civitati</u> a Bruto _____ (servare)

<u>Remum</u> a Romulo _____ (interficere)

> GRUNDWISSEN

4. S.P.Q.R. – im antiken wie im heutigen Rom war und ist diese Abkürzung allgegenwärtig. Gib an, wie sie ausgeschrieben lautet und was sie bedeutet. 2 BE

_____

_____

> ANTIKE KULTUR

5. Das „Vetorecht" ist eine „Erfindung" der antiken Römer, findet sich aber auch noch in unserem heutigen Rechtssystem. Erläutere, was unter diesem Vetorecht zu verstehen ist. 2 BE

_____

_____

6. PPPs stecken auch in vielen Abkürzungen. Wie lauten die folgenden Abkürzungen ausgeschrieben? Erkläre kurz, was sie bedeuten. 2 BE

P. S. = _____

a. Chr. n. = _____

7. Mutter Latein und ihre Töchter: Auf welche lateinischen Wörter sind die unterstrichenen spanischen zurückzuführen? Gib jeweils auch die deutsche Bedeutung an. 2 BE

el <u>vino</u> es <u>bueno</u>

Lateinisches Ursprungswort	Deutsche Bedeutung

Gesamt: 18 BE

Prüfungstraining 2 – Lösungen   Phase 2

seinem Vater Hamilkar dazu angehalten, zu schwören, dass er immer Feind der Römer sein werde. Die Römer sind durch das Relief mit der römischen Wölfin, auf das Hamilkar zeigt und Hannibal blickt, im Bild präsent. – 7) Punische Kriege

12 A) „Die Perser kommen!"

1. Einst unternahm (machte) Xerxes, jener hochmütige König der Perser, mit seinem Heer einen Angriff gegen die Griechen. 2. Diese leisteten ihnen an den engen Thermopylen tapfer Widerstand. 3. Die Perser griffen, von <ihrem> König angetrieben, die wenigen Gegner an. 4. Doch die Griechen ließen sich, von der günstigen Lage des Ortes geschützt, nicht besiegen (wurden nicht besiegt). 5. Xerxes, der über die Niederlage heftig erregt war, erkannte, dass die Griechen nicht geschlagen werden konnten. 6. Deshalb täuschte er sie. Um Mitternacht stieg er auf einem Geheimweg zu den Thermopylen hinauf und griff die Griechen im Rücken an. 7. Da rief Leonidas: „Wir werden getäuscht. Wir werden von hinten (im Rücken) angegriffen. Dennoch werden wir uns nicht zurückziehen. 8. Unser Auftrag wird von uns erfüllt werden, auch wenn wir <dabei> getötet werden (werden)."

B) 1) Inf. Präs. Akt.: eripi, adduci, cerni, deleri; 1. P. Sg. Perf. Akt.: neglexi, commisi – 2) accedentes; audientem; oppugnantibus – 3) exercitus ▷ exercitibus ▷ exercitus ▷ exercitus ▷ exercitu – 4) aequus, -a, -um/par; victoria – 5) ē-Deklination: Femininum; u-Deklination: Maskulinum – 6) „Hannibal ad portas" war der Schreckensruf, der sich in Rom verbreitete, als Hannibal das römische Heer in der Schlacht bei Cannae vernichtend geschlagen hatte und nun auf die Stadt vorrückte. – 7) Prätor: Rechtsprechung, Vertretung der Konsuln; Konsul: Leitung des Staates und des Heeres, Vorsitz im Senat – 8) z. B. Beseitigung der Haft aufgrund von Schulden, erobertes Land für die Soldaten, gleiches Recht für alle Bürger

13 A) Galliergefahr

1. Lange hatten die Römer die Gefahr der nach Italien einfallenden Gallier unterschätzt (missachtet). 2. Aber nach der Niederlage an der Allia (die sie an der Allia erlitten hatten) wandten sich die Bürger voller Angst (von Angst gepackt) an die führenden Männer des Staates mit folgenden Worten: 3. „Warum hat unser Heer dort an einer ungünstigen Stelle mit den Feinden gekämpft? 4. Habt ihr nicht gemerkt, dass die Gallier, als sie unsere Soldaten schlugen, niemanden verschont haben? 5. Setzt ihr etwa die Hoffnung auf die römische Flotte? 6. Die führenden Männer antworteten: „Ihr täuscht euch (werdet getäuscht), Bürger. Im Gegenteil, wir müssen auf dem Lande dem Angriff der Gallier widerstehen (für uns ist es notwendig, zu ...). 7. Deshalb werden wir die Stadt Rom verteidigen, indem wir mit allen Kräften kämpfen. 8. Wenn aber unser Heer von jenen besiegt (worden sein) wird, dann steigt schnell auf die Burg hinauf, die durch ihre natürliche Lage befestigt (geschützt) ist! Die Götter werden euch retten."

B) 1) metus, -us ▷ metuere; finis, -is ▷ finire – 2) adducti/-ae estis; recipitur; raptus/-a erat – 3) Weil der Staat vom Feldherrn gerettet worden war, war er frei.: kausal; Als/Nachdem der Staat vom Feldherr gerettet wurde/worden war, ...: temporal – 4. a) illis b) illorum – 5) Infinitiv Präsens: Gleichzeitigkeit; Infinitiv Perfekt: Vorzeitigkeit – 6) Die beiden Gegenspieler waren der Grieche Themistokles und der Perserkönig Xerxes. Durch eine List lockte Themistokles die persische Flotte in die enge Bucht von Salamis; dort konnten die Griechen mit ihren neuartigen und hochmodernen Trieren die persischen Schiffe kampfunfähig machen und versenken. – 7) Triere – 8) A ▷ 4; B ▷ 2

14 A) Rom – Äneas – Romulus

1. Die einen sagen, Äneas habe die Stadt Rom gegründet, die anderen meinen, sie sei von Romulus gegründet worden. 2. Nun wollen wir das lesen, was vom Dichter Vergil ausführlich (nicht kurz) <darüber> geschrieben worden ist. 3. Nachdem Äneas, von Merkur dazu aufgefordert (ermahnt), schnell von den Küsten Afrikas geflohen war, fuhr er eilig auf dem schrecklichen Meer herum (eilte er über das schreckliche Meer).

5

4. Jener große Mann regierte (beherrschte), als er mit der Flotte nach Italien verschlagen worden war, Lavinium und danach erhielt Julus, sein Sohn, die (Königs-)Herrschaft über Alba Longa. 5. Nach vielen Jahren ist Rom von (nach) Romulus der Name gegeben worden. 6. Dieser tötete den Bruder Remus wegen dessen Kühnheit, heftig vom Zorn überwältigt (bewegt), weil er die Mauern der Stadt übersprungen hatte.

B) 1. a) Futur I b) Futur II c) Imperfekt – 2) emi: gekauft werden, ich habe gekauft; regi: beherrscht werden, dem König – 3) petente; ducente; invadentibus – 4) Cui; Qui – 5) *ille* weist auf etwas zeitlich oder räumlich vom Sprecher Entferntes hin, *hic* immer auf das zuletzt Genannte oder nahe Liegende. – 6) 2. P<u>u</u>nischer Krieg. Nicht Hannibal wurde in der Schlacht am Lacus Trasimenus vernichtend geschlagen, sondern die Römer. Der Schreckensruf war nicht „Vae victis!", sondern „Hannibal ante/ad portas". – 7) Finale: finis/finire; Kontra: contra – 8) Pyrrhus

15 A) Äneas von Troia nach Italien

1. Nachdem Troia durch die List des Odysseus erobert worden war, wurden viele Troianer getötet, nur wenige entkamen. 2. Unter diesen waren Äneas und seine Begleiter. 3. Diese irrten lange Zeit auf den Meeren herum und kamen schließlich mit <ihren> Schiffen an die Küste von Afrika. 4. Äneas aber wollte, da er von Dido, der Königin der Karthager, heftig geliebt wurde, nicht mehr von dort weggehen. 5. Aber als er von Merkur an den Willen der Götter erinnert worden war, rüstete er heimlich die Flotte und verließ trotz großen Schmerzes (obwohl er von großem Schmerz erfüllt war) die Königin, nicht freiwillig, sondern von den Göttern gezwungen.
6. Kurz darauf gelangte Äneas unversehrt nach Italien. Dort gründete Julus, der Sohn des Äneas, eine Stadt, wo seine Nachkommen die Bürgergemeinde lange mit Milde leiteten.

B) 1) auditur: auditus/-a est, audietur; vincimini: victi/-ae estis, vincemini; fallis: fefellisti, falles –
2) temptantis ▷ temptantium; intellegentes ▷ intellegens; resistenti ▷ resistentibus; committentibus ▷ committenti –
3) proelium – pugna; templum – aedis; timor – metus – 4) magna voce dicere: schreien/rufen; verba falsa facere: lügen – 5) „Vae victis" rief der Gallierfürst Brennus aus. Dieser hatte eine riesige Summe Gold als Gegenleistung für die Verschonung Roms verlangt. Als ein römischer Volkstribun protestierte, legte er noch sein Schwert auf die Waage und drohte mit dem Spruch den besiegten Römern. – 6) Gold: Au (von *aurum*); Silber: Ag (von *argentum*) – 7) Der Sklave erinnerte den Großkönig an die Niederlage gegen die Griechen bei Marathon und daran, dass er sich für diese Schmach rächen solle. – 8) Die Gänse hatten (im Gegensatz zu den schlafenden Hunden) die von den Galliern belagerten Römer davor gewarnt, dass diese die Mauern ihrer letzten Zufluchtsstätte, der Arx, überwunden hatten. Nur dadurch gelang es den Römern, die Gallier rechtzeitig zurückzuschlagen.

16 A) Feinde der Römer

1. Einst sind die Römer von schrecklichen Feinden in höchste Gefahren gebracht worden. 2. Die führenden Männer hielten zwar den Staat für sicher, doch erlitten sie nicht wenige Niederlagen. 3. Zuerst sind, wie wir wissen, die Römer von Galliern heftig angegriffen und geschlagen worden. 4. Nachdem diese in die Stadt Rom eingedrungen waren, wollten sie sogar die (Stadt-)Burg erobern. Nur mit Mühe wurden sie von der Bewachung daran gehindert. 5. Später brachte Hannibal, der Führer der Karthager, sein Heer nach Italien, dessen Angriff die Römer in ihrer großen Angst (von großer Angst erfüllt) nicht Widerstand leisten konnten. 6. Jener lieferte viele Kämpfe, er tötete eine große Anzahl von Menschen auf grausame Weise und er nahm durch die natürliche Lage befestigte Städte ein und zerstörte sie durch Feuer. 7. Schließlich hat Scipio, der das römische Heer kommandierte (leitete), Hannibal in einer großen Schlacht besiegt.

B) 1) vincere ▷ victor/victoria: Sieger/Sieg; significare ▷ signum: Zeichen; arcere ▷ arx: Burg – **2)** prior: keine Form in der 1. P. Präs. Pass.; vinceris: keine Form im Dativ/Ablativ Plural – **3)** Cives periculum timentes a consule monentur. – **4)** traicere, traicio, traieci, traiectum: hinüberbringen, übersetzen – **5)** Mit *dies ater* meinten die Römer den Tag der verheerenden Niederlage in der Schlacht an der Allia gegen die Gallier. Die Wendung war später gleichbedeutend mit „totale Katastrophe". – **6)** Die Abbildung stellt Hannibal dar. Er sitzt auf einem Kriegselephanten und rückt gegen die Mauern Roms (im Bild rechts) vor. **7)** Tarquinius Superbus: König; Xerxes: persischer Großkönig – **8)** Simulant: simulare, eine Person, die etwas vortäuscht (z. B. eine Krankheit); intelligent: intellegere: eine Person, die viel versteht/einsieht.

17 ◁ Cäsar und Kleopatra

1. Kleopatra, eine Frau von hervorragender Schönheit, bat Cäsar um Hilfe. **2.** Da sie nämlich die Königsherrschaft begehrte, rief sie einen Vertrauten und sagte: „Cäsar verlangt, dass ich heimlich zu ihm komme. **3.** Doch mir kommt es darauf an, dass ich <dabei> nicht erwischt und ins Gefängnis gebracht werde. **4.** Deshalb gebe ich dir, damit die Diener des Königs mich überhaupt nicht bemerken, den Befehl, dass du mich in einen Teppich einrollst und zum Feldherrn trägst (... eingerollt trägst)." **5.** Tatsächlich täuschte der Freund der Königin die Wächter. **6.** Sobald jedoch der Teppich abgelegt worden war, bat Kleopatra Cäsar, er solle den Bruder Ptolemäus nicht schonen. **7.** Und sie behauptete Folgendes: „Ich weiß, welche Pläne von jenem gefasst worden sind. **8.** Dieser Kerl ist so kühn, dass er dich hinrichten lassen will (... will, dass du hingerichtet wirst). **9.** Da wurde Cäsar von Bewunderung und Liebe zu dieser Frau ergriffen und verließ daraufhin Ägypten. **10.** Kurz darauf gebar Kleopatra einen Sohn, dem der Name „Kaisarion" gegeben worden ist.

18 ◁ „Das Monster hat die Stadt verlassen."

1. Cicero sagte im Senat im höchsten Zorn Folgendes: **2.** „Endlich, Bürger, haben wir Catilina, der unserer Stadt mit Brand und Untergang drohte, verjagt. **3.** Nun hat dieses Ungeheuer die Stadt verlassen. **4.** Da nämlich seine Verschwörung aufgedeckt (offen) ist, wagt dieser es nicht mehr, unter den Bürgern zu bleiben. **5.** Wisst ihr, welches Verbrechen der Kerl da im Sinne hat (in seinem Herzen überlegt)? **6.** Wisst ihr, warum Catilina Heer und Soldaten zusammengerufen hat? **7.** Erlaubt ihr mir nicht, dass ich euch sage, welche Pläne von diesem da geschmiedet worden sind? **8.** Dieser gedenkt, aus Hass (vom Hass getrieben) einen Angriff auf (gegen) Rom zu machen, obwohl Rom ihn hervorgebracht und ernährt hat. **9.** Doch ich, Bürger, setze mich dafür ein, dass uns von diesem Ungeheuer kein Unheil bereitet wird. **10.** Euch beschwöre ich, dass ihr alle zusammen die Angst verdrängt (... vernachlässigend ...) und Catilina Widerstand leistet.

19 ◁ A) Ciceros grausames Ende

1. Als Cäsar getötet worden war, forderte Cicero, dass die Republik (der freie Staat) wiederhergestellt werde. **2.** Sofort hielt er gegen Antonius, einen Vertrauten Cäsars, eine solche Rede, dass er sich den Hass dieses Mannes (da) zuzog (entflammte). **3.** Er sagte: „Ich sehe, welches dunkle Verbrechen du im Schilde führst (überlegst). Ich weiß, welche Pläne du gefasst hast. **4.** Du arbeitest darauf hin, dass dem Senat die Befehlsgewalt (Herrschaft) entrissen wird. Ich beschwöre dich, dass du den Staat nicht ins Verderben stürzt." **5.** Cicero aber musste, da Antonius einen Anschlag auf ihn verüben ließ (bereitete), aus der Stadt fliehen. **6.** Doch den Fliehenden umstellten plötzlich die Soldaten des Antonius. **7.** Diese töteten, ohne sein Alter und seine Würde zu achten (... missachtend) den berühmten Redner unverzüglich (ohne Zögern). **8.** Welch schlimmes (großes) Verbrechen! Hände und Kopf Ciceros sind, wie Livius überliefert, auf der Rednerbühne <am Forum> zur Schau gestellt worden (auf die Rednerbühne gelegt worden).

Phase 3

B) 1) ..., weil er die Gefahr erkennt: kausal; ..., als er die Gefahr erkennt: temporal; ..., obwohl er die Gefahr erkennt: konzessiv – 2) proponebat ▷ proponeret; quievisti ▷ quieveris; deprehenderant ▷ deprehendissent; affirmatur ▷ affirmetur – 3) Si venissetis, felices fuissemus. – 4) Simulation: simulare: vortäuschen, so tun, als ob: Respekt: respicere: denken an, berücksichtigen; Konzession: concedere: zugestehen, einräumen – 5) Ein Putsch ist ein Staatsstreich, d. h. eine Gruppe von Personen (z. B. Militärs) bringen sich gewaltsam und ohne rechtliche Grundlage an die politische Macht. – 6) Catilina ist von allen anderen Senatoren isoliert, d. h. er steht mit seinen Absichten allein. Außerdem grübelt er versunken vor sich hin, so als ob er seinen Putsch gerade plane. – 7) Barbara: von lateinisch *barbarus, -a, -um*: die Wilde; Clemens: von lateinisch *clemens, -ntis*: der Milde – 8) Alexandria war für seinen Leuchtturm (Pharos) und die größte Bibliothek der Antike (Mouseion) berühmt.

20 ◁ A) Cicero kontra Catilina

1. Catilina, ein Mann des Adels, aber verdorben, hatte viele jungen Leute <dazu> angetrieben, gegen den römischen Staat eine Verschwörung zu machen (dass sie ... machten). 2. Als er davon erfahren hatte, berief Cicero ohne Verzug den Senat ein. 3. Dort sagte er den Senatoren: „Hütet euch vor diesem Menschen da, der von der Gier nach Macht (Herrschaft) getrieben (entflammt) in tiefer Nacht darauf aus war, anständige Bürger zu töten.
4. Ihr alle wäret schon zugrunde gegangen und der Staat wäre schon ins Unglück gestürzt worden, wenn ich mich nicht entschlossen hätte, die Freiheit zu verteidigen. 5. Begreift nun, warum ich Heer und Waffen brauche! 6. Ich weiß nämlich, dass außerhalb der Stadt drei Heere Catilinas zum Kampf bereit sind. 7. Deshalb müssen wir uns alle zusammen darum bemühen, dass wir diese Gefahr von unserem Staat abwenden."

B) 1) Cavete can*em*! Scelesti supplici*o* afficiuntur. – 2) arcerem ▷ arcere; eatis ▷ ire; vocem ▷ vocare – 3) cum: „als": temporale Sinnrichtung; oder: „nachdem": temporale Sinnrichtung; oder „obwohl": konzessive Sinnrichtung – 4) aedis ▷ aedificare/aedificium ▷ (er)bauen/Bauwerk; conspectus ▷ conspicere ▷ erblicken; dux ▷ ducere ▷ führen – 5) Gliedsätze, deren Prädikat im Konjunktiv steht, drücken z. B. ein Begehren, eine Absicht oder eine Folge aus. – 6) Der Gordische Knoten war ein Knoten, dessen Anfang und Ende nicht erkennbar war. Heute bezeichnet man damit ein äußerst kompliziertes und eigentlich nicht lösbares Problem. – 7) „Museum" geht auf das *Mouseion* in Alexandria zurück. Es war in der Antike als die größte Bibliothek der Welt berühmt. – 8) der Leuchtturm (Pharos) von Alexandria

21 ◁ A) Die gefährlichen Sirenen

1. Sicherlich habt ihr schon gelesen, welche und wie große Gefahren Odysseus viele Jahre lang auf sich hat nehmen müssen (auf sich genommen hatte). 2. Als nämlich Troia zerstört (worden) war, hat Neptun aus Hass ... auf Odysseus (von Hass entbrannt) niemals aufgehört, darauf aus zu sein, dass er auf den Meeren herumgetrieben wurde.
3. Einmal wollte er es sogar dazu bringen, dass Odysseus von der schmeichelnden Stimme der Sirenen gezwungen würde, immer bei ihnen (diesen) zu bleiben. 4. Odysseus aber sagte, da er die List dieses Gottes (da) durchschaute, zu den Begleitern: 5. „Hütet euch davor, dass ihr die Gesänge dieser Mädchen hört! Verstopft (verschließt) eure Ohren mit Wachs! 6. Denn wenn wir uns von der schönen Stimme der Sirenen betören ließen (erfasst würden), würden wir immer auf ihrer Insel zurückgehalten werden und wir würden niemals unversehrt in die Heimat zurückkehren."

B) 1) Irrealis der Gegenwart: Drückt einen Gedanken aus, der Zuständen/Ereignissen in der Gegenwart nicht entspricht. Wiedergabe im Deutschen: Konjunktiv II der Gleichzeitigkeit/„würde". Irrealis der Vergangenheit: Die Aussage ist für die Vergangenheit nicht wirklich (irreal). Wiedergabe im Deutschen: Konjunktiv II der Vorzeitigkeit/„wäre, hätte". 2) Konjunktiv Imperfekt: componerent: sie würden zusammenstellen; esset: er, sie, es würde sein/wäre; auderet: er, sie, es würde wagen; Konjunktiv Plusquamperfekt: deprehendissemus: wir hätten ergriffen/entdeckt; clausisses: du hättest geschlossen; arsisset: er, sie, es hätte gebrannt – 3) A ▷ 1; B ▷ 3; C ▷ 4; D ▷ 2 – 4) inclusive: includere: einschließen; familiär: familiaris, -is, -e:

8

vertraut, freundschaftlich – **5)** Optimaten und Popularen waren politische Interessengruppen, ähnlich unseren Parteien. Die Optimaten vertraten die Interessen der wohlhabenden Adeligen, die Popularen diejenigen des Volkes. – **6)** Nach vielen Kriegen waren viele römische Bürger verarmt, weil sie für Rom gekämpft hatten, dadurch aber nicht mehr ihre Felder bestellen konnten. Sie mussten ihr Land verkaufen und in bitterer Armut in Rom leben. Die beiden Brüder Gaius und Tiberius Gracchus versuchten, diesem Missstand durch ein neues Ackergesetz zu begegnen, was auf heftigen Widerstand der Optimaten stieß. – **7)** Cornelia, die Mutter der beiden Gracchen – **8)** Ein *homo novus* war ein Mann, der nicht aus dem Spitzenadel stammte, sondern sich aus relativ kleinen Verhältnissen bis zu den höchsten Staatsämtern hervorgearbeitet hatte, wie zum Beispiel Marcus Tullius Cicero.

22 ◁ A) Wer hatte weniger Angst?

1. Täglich beschworen die Wächter Alexander, dass er sich vor einem heimlichen Anschlag hüten solle.
2. Deshalb haben sie, als jener Diogenes kennen lernen wollte, zuerst den Marsch <zu ihm> abgelehnt, dann aber sind sie zusammen mit Alexander nach Korinth gezogen. 3. Nachdem der König und der Philosoph viel miteinander gesprochen hatten, sagte Alexander: 4. „Sag mir, was du von mir haben willst (verlangst)!" 5. Diogenes: „Tritt ein wenig zurück! Denn du hältst mir die Sonne ab." 6. Die Wächter: „Was wagst du? Nimm dich in Acht, dass du nicht hingerichtet wirst!" 7. Diogenes: „Der Tod schreckt mich nicht, da er ein Geschenk der Natur ist." 8. Da überkam den König eine so große Bewunderung gegenüber dem Philosophen, dass er antwortete: 9. „Wenn ich nicht Alexander wäre, würde ich Diogenes sein wollen."

B) 1) es ▷ sis; fuerant ▷ fuissent; eramus ▷ essemus; fuisti ▷ fueris – **2)** vic*issent*; es*set*; defic*erent*; pos*ses* – **3. a)** mittere **b)** diligere **c)** probare – **4)** onus; scelus – **5)** Sie ließ sich in einen Teppich wickeln und als Geschenk an den Wachen vorbei zu Cäsar bringen. – **6)** Lösung a) – **7)** Alexandria war die bedeutendste Stadt, die Alexander gegründet hat (Mouseion); Babylon machte er zur Hauptstadt seines neuen Reichs. – **8)** Die Schlacht bei Issos (333 v. Chr.); Alexander (links) besiegt den persischen Großkönig Dareios (Mitte).

23 ◁ A) Die Republik in höchster Not

1. Heute werdet ihr erkennen, in welch großer Gefahr die Freiheit der Römer gewesen (ist) und auf welche Weise diese Gefahr vom Staat abgewendet worden ist. 2. Catilina nämlich, ein Barbar (ein wilder Mensch), wagte es, in Rom nicht wenige junge Leute zu verderben, und er ließ keine Gelegenheit <dazu> aus. 3. Einmal hat er in tiefer Nacht die jungen Leute im Haus eines Freundes zusammengerufen (in das Haus ... gerufen), um heimlich einen Anschlag gegen den Staat zu organisieren (bereiten/planen). 4. Doch der Konsul Cicero hat, als ihm diese Sache hinterbracht (verraten) worden war, unverzüglich im Senat gesprochen: „Hau ab (geh hinaus), Catilina, verschwinde, verlasse die Stadt! 5. Ihr, Senatoren, hütet euch vor diesem Kerl da, da er täglich ein Verbrechen im Schilde führt (in seinem Herzen überlegt). 6. Ich fordere, dass er hingerichtet wird." 7. Wenn Cicero nicht beschlossen hätte, ein Heer gegen Catilina zu rüsten (bereiten), wäre die Republik (der freie Staat) der Römer sicherlich untergegangen.

B) 1. a) ut: Begehrsatz **b)** cum: Temporalsatz **c)** ut non: Folgesatz (auch *ne*: Finalsatz) – **2)** vult ▷ velit; comprehensi sunt ▷ comprehensi sint; imus ▷ eamus – **3)** deprehendere ▷ deprehensum; corrumpere ▷ corruptum; concedere ▷ concessum; gignere ▷ genitum – **4)** 1 ▷ C; 2 ▷ D; 3 ▷ B; 4 ▷ A – **5)** Sie wollte anstelle ihres Bruders Ptolemäus Königin von Ägypten werden und das Land möglichst unabhängig machen. – **6)** Cicero legte sich mit vielen bedeutenden Persönlichkeiten an, da sie entweder seine politischen Gegner waren oder bei seiner Tätigkeit als Anwalt auf der gegnerischen Seite standen. – **7)** Er war einer der bedeutendsten römischen Schriftsteller und Philosophen. – **8)** Die moderne Bibliotheca Alexandrina; sie soll einmal eine der größten Bibliotheken der Welt werden.

Phase 4

24 **A) Diogenes auf Menschensuche**

1. Über Diogenes werden, wie ihr wisst, wundersame Geschichten überliefert. 2. Diese machen deutlich (erklären), welch große Kühnheit Diogenes besessen hat. 3. Einmal ging jener bei hellem Licht durch die Stadt, wobei er in der linken Hand eine Laterne trug. 4. Immer wenn er mit einem anderen Bürger zusammentraf, leuchtete er ihm ins Gesicht. 5. Lange irrte er auf diese Weise auf der Straße herum und störte so den Frieden der Bürger (den Frieden der Bürger störend). 6. Jene wussten nämlich nicht, was Diogenes <da> trieb (tat). 7. Deshalb gingen sie den Mann (diesen) in heftigem Zorn (von Zorn heftig entflammt) mit bösen Worten an. 8. Schließlich <sagte> einer von den Bürgern: „Sag mir, Diogenes, was du willst! Denn wenn du klug wärst, würdest du dies nicht tun."
9. Darauf antwortete Diogenes: „Ich suche einen Menschen, doch ich habe noch keinen gefunden."

B) 1) ferrem; tulerunt; feremus – **2)** capio ▷ capiam; ferebatur ▷ ferretur; composuerunt ▷ composuerint; diligis ▷ diligas; circumveneratis ▷ circumvenissetis; latus eram ▷ latus essem – **3)** auris, umerus; pes; manus – **4)** part: pars; quiet: quies/quiescere; suspect: suspicere – **5)** Drei, drei, drei bei Issos große Keilerei. Bei dieser „großen Keilerei" kämpften die Griechen unter Alexander d. Gr. gegen das Heer des persischen Großkönigs Dareios. – **6)** *„Wie heißt denn eigentlich dieser Grenzwall? Da gibt es doch eine lateinische Bezeichnung?"* Reiseführer: **Limes.** *„Und wer hat dieses riesige Ding erbauen lassen?"* Reiseführer: **die Kaiser Trajan und Hadrian.** *„Wenn sich diese Anlage durch ganz Deutschland zog, lagen da doch sicher noch mehr Städte in der Nähe. Können sie mir zwei dieser Städte mit ihrem lateinischen Namen nennen?"* Reiseführer: **Augusta Vindelicum** und **Mogontiacum** (auch z. B. **Colonia Agrippinensis, Castra Vetera, Augusta Treverorum**). *„Aha, und wie lang war diese Grenzanlage insgesamt?"* Reiseführer: ca. 500 km. – **7)** Kaiser Augustus. Körperhaltung und Gestik zeigen ihn als souveränen Herrscher, der weise ist und die Richtung der Politik vorgibt (rechter Arm).

25 **Alexander der Große**

1. Zu Lebzeiten seines (des) Vaters (solange sein Vater lebte) bewährte sich Alexander als junger Mann von großer Tapferkeit. 2. Als er einmal das hitzige Ungestüm (den scharfen Mut) eines Pferdes, das niemand zu zähmen vermocht hatte, gebändigt (gebrochen) hatte, wandte sich der Vater mit folgenden Worten an ihn: 3. „Mein Sohn, für dich gehört es sich, nach einem Reich zu streben, das dir angemessen ist. Makedonien ist für dich nicht groß genug (fasst dich nicht)." 4. Doch nachdem auf den Vater ein Attentat geplant und er ermordet worden war, übernahm Alexander das Königreich Makedonien(s). 5. Dann machte sich unter seiner Führung das Heer der Griechen auf den Weg nach Asien. 6. Dort brachte Alexander, nachdem er viele Gebiete unterworfen hatte, dem König der Perser eine schwere Niederlage bei. 7. Persepolis jedoch, die schöne Hauptstadt des Reiches, zerstörte er durch Feuer. 8. Die Perser waren nämlich den Griechen damals sehr verhasst (waren ... zum großen Hass), weil früher Xerxes, ihr Anführer, Griechenland mit einem Heer und Schiffen angegriffen und dort weder Gebäude noch Tempel verschont hatte. 9. Aus diesem Grund sind sie bestraft worden.

26 **Nero, ein grausamer Kaiser**

1. Nachdem Kaiser Claudius durch ein Attentat getötet worden war, folgte ihm Nero, als noch junger Mann, <in der Herrschaft> nach. 2. Dieser verachtete nach der Übernahme der Herrschaft die Ratschläge Senecas, da sie ihm von großem Nutzen waren, anfangs nicht. 3. Später aber hat Nero, so wird berichtet, die übrigen Kaiser durch übermäßige Grausamkeit <noch> übertroffen. 4. Er fürchtete nämlich, dass auch er von persönlichen Feinden bedrängt (umringt) und getötet werde. 5. In Rom wütete zu Neros Lebzeiten einige Tage lang ein ungeheurer Brand so sehr, dass er die Häuser der Armen und Reichen zerstörte. 6. Ein Gerücht besagt, dass Nero gerade in den Nächten (selbst) von einem hohen Turm aus die untergehende Stadt besungen habe. 7. Als das einfache Volk

durch Mangel an Getreide in Bedrängnis geriet (bedrückt wurde), musste der Preis dafür verringert werden, damit keine Unruhen ausbrachen (kein Aufstand bewegt wurde). **8.** Nachdem jedoch von Nero das goldene Haus errichtet worden war, kam der Verdacht auf, dass das Feuer auf seine Veranlassung hin gelegt worden ist. **9.** Schließlich hat dieser Kaiser die Schuld des Brandes auf die Christen geschoben und ihnen höchsten Schrecken eingejagt.

27 **A) Ceres' Zorn**

1. Als die <ihre> Tochter von Pluto geraubt worden war, war Ceres traurig; deshalb ging sie zu König Keleus, um dort für dessen Sohn Amme zu sein. **2.** Die Göttin aber wollte den Jungen, da sie ihn sehr liebte, unsterblich machen. **3.** Deshalb war sie gerade bemüht, jenen in das Feuer des Herdes zu legen, während alle übrigen schliefen. **4.** Doch die Mutter kam, als sie das Schreien des Sohnes hörte (gehört hatte), herbeigelaufen und bemerkte, wie Ceres den Sohn mit der Hand ins Feuer hielt. **5.** Sie schrie: „Bringt Hilfe, Wächter!" **6.** Da zeigte Ceres voller Zorn auf die dummen Menschen die ganze Macht einer Göttin und jagte der Mutter großen Schrecken ein. **7.** Damit aber die Göttin versöhnt wurde, ist für sie auf Veranlassung des Königs ein Tempel erbaut worden.

B) 1) feram ▷ ferar; tulerunt ▷ lati, -ae, -a sunt; feres ▷ fereris – **2)** pace *facta*; amicis *audientibus*; multis bellis bene *gestis* – **3)** Quintus amico auxilio venit. – **4)** Portugal (portus, -us) – **5)** Unter *aetas aurea* verstanden die Römer ein „Goldenes Zeitalter", in dem alle Menschen glücklich, in Frieden und Wohlstand leben können. – **6)** Augusta Vindelicum: Augsburg; Cambodunum: Kempten; Augusta Treverorum: Trier – **7)** Limes – **8)** Der Feldherr Quintilius Varus hatte in der sog. Schlacht im Teutoburger Wald eine vernichtende Niederlage erlitten, bei der mehrere Legionen aufgerieben wurden. Augustus, der diesen Verlust nicht wahrhaben wollte, gab dem in der Schlacht gefallenen Varus persönlich die Schuld.

28 **A) Germanen bedrohen Germanen**

1. Manche Schriftsteller berichten, dass römische Heere einst einen großen Teil Germaniens unterworfen hätten. **2.** Nachdem dort verschiedene Städte gegründet worden waren, kamen Gesandte der Germanen nach Rom und meldeten, dass die Zeit der Ruhe (die Ruhe) der Bürger durch den Angriff der Truppen anderer Germanen unterbrochen worden sei. **3.** Und sie sagten: „Unser Frieden ist unbeständig. Immer wieder beunruhigen uns diese Germanen da sehr. **4.** Kaiser Augustus antwortete: „Solange ich lebe (zu meinen Lebzeiten), wird das Römische Reich euch niemals im Stich lassen. **5.** Das ist eine Sache von großer Bedeutung. Wir werden eine Mauer errichten, die für euch von großem Nutzen sein (euch ... zu großem Nutzen) sein wird. **6.** Dann werdet ihr in das Lager und zu unseren Türmen flüchten können." **7.** Aber wenige Jahre später sind, als in Germanien ein großer Aufstand ausgebrochen war (erregt worden war), die Bauten der Römer von <wild> tobenden Barbaren durch Feuer zerstört worden.

B) 1) Beiordnung: Die Niederlage war gemeldet worden. Da ...; Unterordnung (kausal): Weil die Niederlage gemeldet worden war, ...; präpositionale Verbindung: Nach/wegen der Nachricht von der Niederlage ... – **2)** Dativ des Zwecks – **3)** *Ne* muss in diesem Fall mit „dass" übersetzt werden, weil im Lateinischen etwas befürchtet wird, das nicht eintreten soll. Im Deutschen gibt es diese Vorstellung nicht. – **4)** aedis ▷ aedes: Haus; copia ▷ copiae: Truppen; finis ▷ fines: Gebiet; homo ▷ homines: die Leute – **5)** Es ist eine antike athenische Drachme abgebildet. Der Olivenzweig steht für die Stadt Athen ebenso wie die Eule, die aber auch ein Symbol der Weisheit ist. – **6)** Arminius war in Rom ausgebildet worden und diente auch lange Zeit als Offizier in der römischen Armee. Nachdem er sich auf die Seite seiner germanischen Landsleute gestellt hatte, wurde ihm dies als Verrat ausgelegt. – **7)** Im Alter von *19* Jahren wurde der junge, begabte Nero Kaiser. Allgemein setzte man große Hoffnungen in den jungen Mann, nicht zuletzt, weil er vom berühmten Philosophen *Seneca* unterrichtet worden war. Bald jedoch änderte sich sein Charakter und er wurde immer *grausamer*. Sein bekanntestes Verbrechen war der *Brand Roms* im Jahr 64 n. Chr. – **8)** Nero sah sich auch als genialen Dichter bzw. Sänger.

Phase 4

29 A) Arminius

1. Unter dem Prinzipat des Augustus (unter Kaiser Augustus) herrschte im ganzen Reich lange Zeit Frieden.
2. Aber die Ruhe ist plötzlich durch den Angriff einiger Germanen unterbrochen worden. 3. Jene Germanen nämlich, denen die Römer verhasst (zum Hass) waren, hatten unter Führung des Arminius einen Aufstand gemacht. 4. Nachdem Augustus davon (diese Dinge) erfahren hatte, ließ er den Feldherrn Varus seine Legionen gegen diese Barbaren führen. 5. Dieser marschierte ohne allen Verdacht (von keinem Verdacht beunruhigt) mit seinen Truppen durch den Teutoburger Wald, als plötzlich Arminius diese aus einem Hinterhalt angriff und den Römern eine sehr bittere (hohe) Niederlage beibrachte. 6. Dort nämlich wurden fast alle Soldaten, obwohl sie tapfer kämpften, dennoch von den Feinden niedergemacht. 7. Als diese Niederlage gemeldet worden war, wurde Augustus von großem Schmerz erfüllt. 8. Arminius aber wurde bei den Germanen aufs Höchste gerühmt (mit höchstem Lob bedacht).

B) 1) fertis ▷ ferimini ▷ feramini ▷ ferremini – **2)** Weil/als der Freund zurückkam ...; Als/weil Augustus regierte ...; Obwohl Frieden geschlossen worden war ... – **3)** ut: dass, Begehrsatz; cum: obwohl: Konzessivsatz (nicht beachteter Grund) – **4)** Usus ▷ uti: gebrauchen; Referat ▷ referre: berichten – **5)** Der Peloponnesische Krieg fand im 5. Jahrhundert v. Chr. statt. – **6)** z. B. tapfer, redegewandt, großzügig, stolz/arrogant – **7)** Parthenon. Die Athene-Statue im Inneren des Tempels hatte der Bildhauer Phidias geschaffen. – **8)** Perikles – Cäsar – Augustus – Nero

30 A) Sokrates

1. Sicherlich wirst du wissen wollen (willst du wissen), wie (von welcher Art) Sokrates gewesen ist. Er verbrachte sein Leben, indem er auf dem Forum herumging (spazierte) und die Bürger über die Tugend ausfragte. 2. Da er durch jene Gespräche oft deutlich gemacht hatte, dass die Menschen selbst über die großen Fragen (Dinge) des Lebens nichts wüssten, war er bald bei vielen sehr verhasst (... vielen zu großem Hass). 3. Aus diesem Grund wurde er gegen den Willen <seiner> Freunde angeklagt und verurteilt. 4. Als Sokrates jedoch in den Kerker gebracht worden war, wollten <seine> Freunde die Wächter mit Gold bestechen, dass (damit) diese den Philosophen aus dem Gefängnis entkommen ließen. 5. Aber Sokrates nahm die Gelegenheit zur Flucht nicht wahr (ließ ... verstreichen), wobei er sagte, Gesetze des Staates müssten immer eingehalten werden (es sei notwendig, dass die Gesetze ... eingehalten würden). 6. Kurz darauf wurde Sokrates der Giftbecher gebracht, den jener ohne Verzug trank, wobei seine Freunde kaum ihre Tränen zurückhalten konnten.

B) 1. a) *Augusto vivo/vivente* cives beati erant. **b)** *Bello gesto* homines in pace vivere potuerunt. **c)** *Cunctis amicis invitatis* Quintus non venit. – **2)** PPA: Gleichzeitigkeit; PPP: Vorzeitigkeit – **3)** adulescentibus *ipsis*; matris *ipsius*; scelus *ipsum* – **4)** *bring* – fer – *ferte*; *ich hätte getragen* – tulissem – *tulissemus* – **5)** Wenn ein Damoklesschwert über einem hängt, steckt man in einer äußerst bedrohlichen Situation. So wie das am hauchdünnen Faden hängende Schwert jederzeit auf einen herabstürzen kann, kann die gefährliche Situation jederzeit zum Unglück werden. – **6)** z. B. Odysseus blendet den Polyphem; der Raub der Proserpina durch Pluto; die beiden Ungeheuer Skylla und Charybdis – **7)** Dionysius, der Tyrann von Syrakus, soll am oberen Teil des „Ohr des Dionysius" gesessen und durch die besondere Akustik die Gespräche der Gefangenen belauscht haben. – **8)** Damon schlich zu Dionys dem Tyrannen. Die Ballade stammt von Friedrich Schiller.

Prüfungstraining 2 – Lösungen

31 **A) Kaiser Augustus geschockt**

1. Kaiser Augustus schlief, als plötzlich ein Bote seine Ruhe unterbrach: 2. „Höre mich, <mein> Herr!
Denn es ist etwas so Wichtiges (eine Sache von so großer Bedeutung), dass es nicht aufgeschoben werden kann.
3. Die römischen Legionen haben eine große Niederlage erlitten. 4. Denn obwohl Varus höchste Vorsicht
anwandte, hat er dennoch unsere Truppen in eine solche (so große) Falle geführt, dass beinahe alle Soldaten von
den Germanen niedergemacht wurden. 5. Unseren Leuten (den Unsrigen), die sich tapfer zeigten, brachte ihre
Tapferkeit keinen Nutzen (war ihre Tapferkeit nicht zum Nutzen). 6. Deshalb darf weder dem Führer noch den
Soldaten Schuld angelastet (dürfen ... beschuldigt) werden." 7. Als Augustus dies (diese Sache) erfahren hatte,
konnte er die Tränen nicht zurückhalten (hielt er ... nicht zurück). 8. „Von welch großem Schmerz", sagte er,
„bin ich erfüllt! Wie sehr bin ich von dieser Niederlage erschüttert!"

B) 1. a) Abl. abs: clamore audito, Sinnrichtung: temporal: Als/nachdem Cicero den Lärm gehört hatte, ... oder kausal:
Weil Cicero den Lärm gehört hatte, ... **b)** Abl. abs: hostibus instantibus, Sinnrichtung: konzessiv: Obwohl die Feinde
drohten, ... – **2. a)** ipse **b)** ipsi **c)** ipsius – **3)** Diese Weintrauben hier sehen wirklich sehr gut aus. Dabei handelt es sich
sicher um 1a-*Qualität*. Es sind zwar nicht viele, aber in diesem Fall kommt es nicht auf die *Quantität* an. Begründung:
Qualität gibt die Beschaffenheit der Trauben an, Quantität die Menge. – **4)** Vorzeitigkeit: PPP, Gleichzeitigkeit: PPA. –
5) Dionysius wollte Damokles zeigen, dass man nicht unbedingt glücklich sein muss, selbst wenn man scheinbar alles
Erstrebenswerte besitzt. Auch solchen Menschen drohen ständig Gefahren. – **6)** Concordia-Tempel in Agrigent; Theater
von Taormina – **7)** In Sizilien und Süditalien waren im Lauf der griechischen Kolonisation zahlreiche griechische Städte
gegründet worden, sodass die Griechen dieses Gebiet politisch und kulturell beherrschten, das Gebiet Griechenlands
sozusagen „vergrößert" (*Magna* Graecia) hatten.

32 **A) Der Mann mit der Tonne**

1. Nach der Übernahme der Königsherrschaft (Nachdem er die Königsherrschaft erlangt hatte,) wollte Alexander
Diogenes kennen lernen. 2. Deshalb schickte er Boten, damit sie ihn herbeiholten. 3. Der aber lehnte den Marsch
ab. „Ich", sagte er, „will den König nicht sehen. Er muss (es ist nötig, dass ...) hierher kommen." 4. Und tatsächlich
entschloss sich Alexander, nach Korinth zu gehen. 5. Der König suchte dort, von vielen Begleitern umgeben, sofort
den Marktplatz auf, wo Diogenes neben seinem Fass (einer Tonne) in der heißen Sonne lag (während die Sonne
sehr brannte). 6. Alexander sagte jedoch, als er allein auf ihn zugetreten war: „Sei gegrüßt, Diogenes!"
7. Doch jener: „Was willst du?" 8. Der König: „So viel habe ich über dich gehört. Sag mir, was du von mir haben
willst! 9. Denn alles, was du <dir> wünschst (gewünscht haben wirst), werde ich dir geben." 10. Doch Diogenes
antwortete, den König kaum anschauend: „Ich wünsche, dass du <mir> ein wenig aus der Sonne gehst."

B) 1) matre viva; Cicerone auctore; Augusto imperatore – **2. a)** ne: Ich fürchte, dass die Stadt durch einen Brand zerstört
wird. **b)** si: Wenn du da gewesen wärst, hättest du die Freunde gesehen. **c)** ut: Der Kaiser fordert, dass wir kommen. –
3) consulente: durch den/mit dem, der rät; despicientibus: denen, die verachten; ardentis: des brennenden ... – **4)** circum
(m. Akk.): um ... herum, ringsum; de (m. Abl.): von ... herab – **5)** Protagoras; sein großer Widersacher war Sokrates. –
6) falsch: *Syrakus war ... lediglich eine unbedeutende Provinzstadt.* Syrakus war zeitweise die größte Stadt der Antike;
falsch: *in Syrakus die größten und besterhaltenen Tempel der gesamten antiken Welt.* Die größten und besterhaltenen
Tempel der antiken Welt befinden sich in Agrigent und Selinunt; falsch: *durch das so genannte „Auge des Dionysius"
konnte Dionysius seine Gefangenen genau beobachten.* Mit dem so genannten „Ohr des Dionysius" soll der Tyrann seine
Gefangenen belauscht haben. – **7)** Alkibiades wurde dieser Vorwurf gemacht. Er reagierte schlagfertig, indem er sagte:
„Nicht wie ein Weib, sondern wie ein Löwe beiße ich!" – **8)** Nero soll seine eigenen Parkanlagen für die Bevölkerung
freigegeben und außerdem die Getreidepreise deutlich gesenkt haben.

CURSUS

Prüfungstraining 2
Lösungen

Oldenbourg
C. C. Buchner
Lindauer

Erläuterungen zu den Lösungen der Übersetzungen:

( )   kennzeichnet eine wörtliche Übersetzung.

< >   kennzeichnet eine Hinzufügung für eine freiere Übersetzung.

Bewertungsschlüssel für den Aufgabenteil:

BE	Note im Aufgabenteil
18–16	1
15–13	2
12–10	3
9–7	4
6–4	5
3–0	6

Prüfungstraining 2 – Lösungen | Phase 1

1 ◁ Äneas und Dido

1. Nachdem Troia eingenommen worden war, brauchten die Troianer neue Wohnsitze. **2.** Zunächst jedoch kamen sie an die Küste von Afrika, wo sie von der Königin Dido gerne aufgenommen wurden. **3.** Diese hatte in Karthago eine neue Heimat gefunden. **4.** Während Äneas dort vom Troianischen Krieg erzählte, entbrannte die Königin in heftiger Liebe zu ihm (wurde von ... entbrannt). **5.** Aber nach einem Jahr wurde Äneas von Merkur, dem Boten Jupiters, an den Willen des Schicksals erinnert. Und er erhielt den Befehl (ihm wurde befohlen), schnell Afrika zu verlassen (von Afrika wegzugehen). **6.** Sobald Dido jedoch merkte, dass die Troianer die Flotte <zur Abfahrt> rüsteten (vorbereiteten), wurde sie von höchstem Schmerz schwer getroffen (gebrochen). **7.** Die Liebe der Königin verwandelte sich (wurde verwandelt) in Hass auf Äneas. **8.** „Niemals", so sagte sie, „wird unter den Römern und Karthagern Frieden herrschen (sein)!" **9.** Kurz darauf tötete sie sich ohne Furcht vor dem Tod.

2 ◁ Romulus und Remus

1. Amulius zwang <seinen> Bruder Numitor, der damals das über Gebiet (von) Latium herrschte, die Stadt zu verlassen. **2.** Nachdem er aber dessen Sohn ermordet hatte, erschien Mars Rea Silvia, der Tochter Numitors. **3.** „Du brauchst dich", sagte er, „nicht zu fürchten. Du wirst die Hilfe anderer nicht nötig haben. **4.** Denn du wirst zwei Söhne bekommen (haben), die später als junge Männer ihrem Großvater <seine> (Königs-) Herrschaft zurückgeben werden. **5.** Eine Schlacht wird die Entscheidung bringen." **6.** Und Rea Silvia bekam, da sie den Worten des Gottes Glauben schenkte, Hoffnung auf Rettung (wurde von ... erfasst). **7.** In der Tat hatte sie bald zwei Jungen, deren Vater Mars war. **8.** Doch Amulius wollte, nachdem er davon gehört hatte, dass Rea Silvia Söhne habe, diese (sie) grausam beseitigen. **9.** Die Sklaven (Diener) jedoch hatten Mitleid mit den Jungen (wurden von ... bewegt); von ihnen (diesen) wurden, wie wir erfahren haben, die Söhne am Ufer des Tiber ausgesetzt. **10.** Dass sie dort von einer Wölfin gefunden und ernährt worden sind, wissen wir.

3 ◁ A) Odysseus und Äneas

1. Viele sind, wie wir wissen, aus Troia unversehrt entkommen und haben sich auf den Weg in ihr Heimatland begeben (haben ihr ... aufgesucht). **2.** Der Troianer Äneas strebte, nachdem er aus den brennenden (angezündeten) Mauern geflohen war, danach, sich und den Seinen eine neue Heimat zu verschaffen. **3.** Der Grieche Odysseus sprach bei sich: „Wenn ich wohlbehalten die Küste meiner Heimat betrete (zur Küste ... hingekommen sein werde), werde ich ein Opfer darbringen." **4.** Aber von <jedem von> beiden ist der Zorn von Göttern erregt worden. **5.** Deshalb mussten sie lange auf den gewaltigen Meeren herumirren, auf denen von grausamen Völkern Überfälle (Anschläge) auf sie verübt wurden. **6.** Immer brauchten sie die Hilfe der Götter, immer hielt sie die Hoffnung auf Rettung <aufrecht>. **7.** Schließlich waren ihnen die Götter gewogen. So kamen beide glücklich in <ihre> Heimat.

B) 1) magnam fidem, adversas res, nullius spei – **2)** huius loci, hunc ducem, his pedibus – **3)** crudeliter, blande – **4)** Ablativ der Beschaffenheit – **5)** Medusa. Jeden, den sie sah, verwandelte sie in Stein. – **6)** Der griechische Dichter *Homer* war der Verfasser der beiden Epen „*Ilias*" und „Odyssee". In der „Odyssee" beschreibt er die Heimkehr des Odysseus von *Troia* nach Ithaka und die Abenteuer, die er dabei bestehen musste. Unter anderem begegnete er auch der Zauberin *Circe*, die seine Gefährten in *Tiere* verwandelt hatte. Doch mit der Hilfe des Gottes *Merkur/Hermes* konnte Odysseus die Zauberin besiegen und seine Gefährten befreien. – **7. a)** lavorato ▷ laboratum ▷ gearbeitet **b)** promesso ▷ promissum ▷ versprochen – **8)** Äneas

1

Phase 1

4 A) Mit List gegen Troia

1. Paris hatte Helena nach Asien entführt. 2. Deshalb fuhren die Griechen, nachdem sie eine große Flotte zusammengezogen hatten, nach Asien (gingen Asien an) und schlossen Troia ein. 3. Zunächst kämpften die tapferen Männer heftig vor den hohen Mauern der Stadt, dann beschlossen die Griechen, die Stadt durch List und Täuschung zu besiegen. 4. Odysseus, ein äußerst kluger Mann (Mann von höchster Klugheit), überredete seine Gefährten folgendermaßen: 5. „Stellt ein großes hölzernes Pferd auf die vor der Stadt gelegene Küste (auf der ... gelegenen Küste auf)!" 6. Dann feuerte er die Griechen mit folgenden Worten an: „Wir werden kühnen Mut (Kühnheit) gegen die Troianer benötigen. 7. Wir werden sie (diese) mit gezückten Schwertern angreifen, wenn die Tore der Stadt geöffnet sind (worden sein werden). 8. Niemand von ihnen wird entkommen, wir <aber> werden unversehrt in die Heimat zurückkehren."

B) 1) irrisimus; facti/-ae/-a sunt; servatus/-a eram; commovisti – 2) die Furcht der Feinde (Genitivus subiectivus); die Furcht vor den Feinden (Genitivus obiectivus) – 3. a) Quam b) Qui – 4) vehementer timere; blande vocare – 5) Aufgabe des Adjektivs: Angabe einer Eigenschaft; Aufgabe des Adverbs: Angabe der Art und Weise, wie etwas geschieht – 6) Odysseus und die Sirenen: Dem wunderschönen Gesang der Sirenen konnte niemand widerstehen. Diese allerdings töteten jeden, den sie mit ihrem Gesang betört hatten. Odysseus wollte den Gesang der Sirenen hören, ohne aber in die Gefahr zu geraten, selbst getötet zu werden. Daher ließ er die Ohren seiner rudernden Gefährten mit Wachs verstopfen. – 7) vehement: vehemens; defekt: deficere – 8) Styx

5 A) Merkur bei Äneas

1. Merkur erhielt von Jupiter den Befehl (... wurde von Jupiter beauftragt): „Suche Äneas unter <seinen> afrikanischen Freunden! 2. Erkläre ihm alles, was dem troianischen Volk vom Schicksal bestimmt ist. Sein Ansehen wird groß sein, wenn er meinen Plänen gehorcht (haben wird)." 3. Nachdem der Bote der Götter an die Küste Afrikas gelangt war, sagte er: „Verlasse, Äneas, sofort Afrika, da die Götter es ja wollten, dass du eine neue (andere/zweite) Stadt gründest. 4. Diese freilich wird die Hauptstadt der Welt (des Erdkreises) sein.
5. Und du wirst der Herrscher der Menschen sein, sobald neue Mauern errichtet (worden) sind (sein werden)."
6. Von diesen verführerischen (schmeichlerischen) Worten ließ sich Äneas ermahnen (wurde ermahnt); deshalb gehorchte er sofort dem Gott. 7. Kurz darauf zögerte der Führer der Troianer, ein Mann von großer Klugheit, nicht mehr, Afrika zu verlassen (aus Afrika wegzuziehen).

B) 1) hoc studium ▷ huius studii ▷ haec studia; haec gens ▷ huic genti ▷ harum gentium – 2) spes salutis: Hoffnung auf Rettung; domus patris: Haus des Vaters; cupiditas libertatis: Verlangen/Wunsch nach Freiheit – 3) autorità: auctoritas: Ansehen, Einfluss; voce: vox: Stimme, Laut – 4) respexeramus – 5) Die Dioskuren waren die beiden Söhne des Zeus/Jupiter und hießen Kastor und Pollux. – 6) Dargestellte Personen (von links nach rechts): ein in ein Wildschwein verwandelter Gefährte des Odysseus, Odysseus, die Zauberin Circe, ein in einen Widder verwandelter Gefährte; Odysseus kann dem Zaubertrank Circes durch ein Zauberkraut des Gottes Hermes/Merkur widerstehen und zwingt sie nun mit dem Schwert, seine Gefährten wieder in Menschen zurückzuverwandeln. – 7) Die reich ausgestatteten Gräber (vor allem Grabbeigaben und sehr detaillierte Malereien an den Wänden) erzählen uns sehr viel über die Etrusker.

6 A) Odysseus' Entrüstung

1. Als Odysseus auf die Insel Ithaka zurückgekehrt war, wurde er heftig von Schmerz und Zorn erfasst (bewegt). 2. „Troia", sagte er, „ist durch meine List eingenommen worden. Ganz grausame Ungeheuer (... von großer Grausamkeit) sind durch meine Klugheit bezwungen worden. 3. Ohne Hoffnung bin ich mit den Gefährten durch die ganze Welt geirrt. Endlich hat das Schicksal mich heil in die Heimat zurückgeführt. 4. Aber was musste ich hier

sehen (... habe ich hier gesehen)! So großes Unrecht! **5.** Freier nämlich sind von Verlangen nach meiner Frau erfasst (entbrannt). Diese machen sich mit schmeichlerischen Worten an Penelope heran (wenden sich an ...) und plündern meinen Besitz (meine Dinge). **6.** Ich bin von den Göttern sehr getäuscht worden. Denn ich bin nicht zu den Meinen zurückgekehrt, sondern zu Feinden!"

B) 1) C1, A2, C3 – **2)** Adverbbildung: Adjektive der ā-/o-Deklination auf -e; Konsonantische Deklination: auf -iter oder -er – **3)** inventum est ▷ inventa sunt ▷ inventa erant – **4)** Ablativ der Beschaffenheit; z.B.: Herkules war ein bärenstarker Mann. – **5)** Ein Demonstrativ-Pronomen weist auf etwas kurz zuvor Genanntes oder etwas, das unmittelbar vor Augen steht, hin. – **6)** Chimäre: Sie ist aus drei verschiedenen, gefährlichen Tieren „zusammengesetzt" (Löwe, Schlange, Bock) und existiert in Wirklichkeit nicht, was sie in den Augen der Etrusker zu einem übernatürlich-gefährlichen Wesen machte. Außerdem wirkt das weit aufgerissene Löwenmaul sehr bedrohlich. – **7)** Perseus: Tötet Medusa, bei deren Anblick alle, die sie sahen, versteinerten; Theseus: Tötet den Minotaurus und befreit die im Labyrinth gefangenen Athener.

A) Venus' Beschwerde bei Jupiter

1. „Mein Vater, wie sehr (heftig) bin ich über das Schicksal erzürnt (vom Zorn auf das Schicksal bewegt)!
2. Troia ist durch List und Betrug der Griechen erobert worden. Sie (diese) haben die Stadt in Brand gesteckt und Frauen und Kinder ermordet. Trotzdem sind sie unversehrt in <ihre> Heimat zurückgekehrt. **3.** Doch Äneas, ein ganz und gar frommer Mann (Mann von höchster Frömmigkeit) irrt mit seinen Gefährten elend in der Welt umher (durch den Erdkreis). **4.** Ihn (diesen) haben Hoffnung und Vertrauen auf die Götter verlassen. **5.** Auch ich bin von dir getäuscht worden. Du hast nämlich geschworen, dass Äneas eine neue Heimat finden und eine neue (Stadt-)Mauer erbauen könne. **6.** Warum lässt du es zu, dass mein Sohn von so schlimmen Schmerzen geplagt (niedergedrückt) und von so gefährlichen Überfällen bedroht wird (so großen Anschlägen umgeben wird)?"

B) 1) certare, pugnare/pugna, contendere – **2)** PPP-Formen: amati: die Geliebten; salutati: die Gegrüßten; iussa: das Befohlene (Neutrum Pl.); commotum: den/das Erregte(n)/Veranlasste(n) – **3)** rem ▷ rebus ▷ rei ▷ rerum ▷ re – **4)** am Bedeutungsteil (PPP) und dem Signalteil (Imperfektform von *esse*) – **5)** Unter Augiasstall versteht man eine riesige Menge an üblen Dingen oder Zuständen, die beseitigt werden müssen. – **6)** Tartarus: die Unterwelt(sburg); Styx: der Unterweltsfluss; sedes beatae: das Elysium/Paradies – **7. a)** *le* mur **b)** *la* famille – **8)** Von den Etruskern oder, wie sie lateinisch genannt wurden, den *Tusci*. Die Toskana ist also das „Etruskerland".

A) Ein treuer Freund

1. Nachdem Odysseus vielen Gefahren entkommen war, wurde er endlich von Gastfreunden in seine Heimat gebracht (getragen). **2.** Doch hochmütige Männer waren in den Palast des Odysseus eingedrungen, da ja alle glaubten, dieser sei umgekommen (tot). **3.** Sogleich eilte Odysseus von gewaltigem Zorn entbrannt zu seinem Palast. **4.** Weil nämlich seine Gestalt von der Göttin Athene (Minerva) verwandelt worden war, wurden alle von Odysseus getäuscht. **5.** Er (dieser) näherte sich dem Palast, als ihn ein elender Hund, der vor dem Tor lag, mit schwacher Stimme begrüßte. **6.** Odysseus sprach, davon heftig gerührt: „Du allein hast mich erkannt, mein treuer Freund!"

B) 1) pellere, *pello, pepuli, pulsum*: schlagen, stoßen; vertreiben; *perficere, perficio, perfeci,* perfectum: ausführen; vollenden; *irridere,* irrideo, irrisi, irrisum: verspotten – **2)** Als/Nachdem die Stadt von Romulus gegründet worden ist/war, ... Obwohl Tarquinius vom Volk vertrieben worden ist/war, ... Weil Rom von hohen Mauern umgeben ist/war, ... **3)** capta; expositi; servatae; interfectum – **4)** Senatus Populusque Romanus: Senat und Volk von Rom – **5)** Die Volkstribunen hatten in Rom das Recht, mit dem Ruf „Veto" (ich verbiete) vom Senat geplante Gesetze zu blockieren. Ähnlich können auch heute bestimmte Vorhaben blockiert werden. – **6)** P. S.: Post scriptum (ergänzender Zusatz nach einem Text, z. B. einem Brief); a. Chr. n.: ante Christum natum (vor Christi Geburt) – **7)** vino ▷ vinum ▷ Wein; bueno ▷ bonus, -a, -um/bene ▷ gut

Phase 2

9 Romulus' rätselhaftes Ende

1. Dass Rom von Romulus, dem Sohn des Mars, gegründet worden ist, davon erzählt die Geschichte. 2. Wenn auch an dieser Geschichte schon die Römer gezweifelt haben, so haftet (bleibt) sie dennoch weiterhin (immer) in den Köpfen (Geistern) der Menschen. 3. In einer anderen von Livius geschriebenen Geschichte lesen wir, dass das Leben des Romulus auf wundersame Weise beendet worden sei. 4. Als die Menschen einmal von Romulus auf das Marsfeld (zusammen)gerufen worden sind, werden sie plötzlich von einem gewaltigen Unwetter erschreckt. 5. Und kurze Zeit später werden sie durch einen kräftigen Regen daran gehindert, den König, der auf dem Thron sitzt, zu erblicken. 6. Bald aber merken die Menschen, nachdem der Regen aufgehört hat und die Sonne zurückgekehrt ist, dass jener Thron leer ist. 7. Von Furcht bewegt fragen sich viele untereinander: „Was ist passiert? Ist Romulus von den Vätern fortgebracht worden (beseitigt) worden? 8. Von wem werden wir regiert werden? Wem wird die höchste Befehlsgewalt gegeben werden?" 9. Und damals wurden nicht wenige Stimmen gehört, dass Romulus von den Göttern in den Himmel aufgenommen worden sei.

10 Späte Einsicht

1. König Kroisos war nach Delphi gekommen mit der Bitte um einen Orakelspruch (einen Orakelspruch verlangend). Folgendes ist ihm geantwortet worden: 2. „Kroisos, wenn du den Halys überschreitest (überschritten haben wirst), wirst du ein großes Reich zerstören." 3. Der König aber führte, von der Hoffnung auf einen Sieg gedrängt (getrieben), die Soldaten gegen die Perser. Doch er ist von diesen in der Schlacht besiegt worden. 4. Nach der Niederlage wurde Kroisos auf den Scheiterhaufen gelegt. Man sah schon die Flammen (Schon wurden ... gesehen), als der König rief: „O Solon!" 5. Sofort befahl Kyros, der Perserkönig, dass man Kroisos zu ihm bringen solle, und er sagte zu ihm: „Weshalb hast du Solon gerufen?" 6. Kroisos antwortete mit folgenden Worten: „Ich habe einst Solon, als er mein Gold betrachtete, gefragt: ‚Welchen Mann hältst du für den glücklichsten von allen?' 7. Und jener hat einen Mann aus Athen genannt, der kein aufwändiges (ein sparsames) Leben geführt hatte und von <seinen> Kindern geliebt aus dem Leben geschieden war. 8. Nun habe ich eingesehen, dass er Wahres gesagt hatte."

11 A) Gallier vor Rom

1. Nachdem die römischen Soldaten dem Heer der Gallier keinen Widerstand leisten konnten, setzten viele Bürger aus Furcht (von Furcht bewegt) die Hoffnung auf die Götter. 2. Die Menschen aber stürzten in ihrer Angst (mit Angst versehen) in den Tempel und, vor der Todesgefahr schaudernd (sich ... fürchtend), fragten sie die Priester um Rat: 3. „Wir werden dem Angriff der Feinde nicht gewachsen sein. Wie werden wir jene Feinde von unserer Stadt abwehren? 4. Wir werden alle durch ihre Hände getötet werden, die Burg wird zerstört werden. 5. Jenen ist geantwortet worden: „Unser Schicksal werden wir den Göttern anvertrauen. 6. Wenn aber die Feinde gegen die Stadt anstürmen werden, werden wir auf die Burg hinaufsteigen, die durch ihre natürliche Lage (durch die Natur des Ortes) befestigt ist. 7. Wenn wir zu diesem heiligen Ort gelangen (gelangt sein werden), werden wir sicher von den Göttern geschützt werden."

B) 1) deletur ▷ delet; mittemini ▷ mittetis; vincebar ▷ vincebam – 2) temporal ▷ Zeit, als/nachdem; konditional ▷ Bedingung, wenn; kausal ▷ beachteter Grund, weil; konzessiv ▷ obwohl, nicht beachteter Grund – 3) *illa* incendia; *illum* metum; *illa* clade – 4) Unter Pyrrhussieg versteht man einen Sieg, der eigentlich eine Niederlage ist, weil er mit (zu) hohen Verlusten errungen wurde. – 5) delete-Taste: vom lateinischen Verb *delere* „zerstören": Die Taste löscht („zerstört") das Geschriebene; Formatieren: vom lateinischen Substantiv *forma* „die Gestalt": Formatieren bedeutet also, einem Dokument das richtige Erscheinungsbild zu geben. – 6) Der junge Hannibal (im Bild rechts) wird vor einem Feldzug nach Spanien vor

Prüfungstraining   Phase 2

9 | Übersetzung (ohne Zusatzaufgabe)   bis Lektion 26

Romulus' rätselhaftes Ende

1. Romam a Romulo, filio Martis, conditam esse fabula narrat.
2. Etsi de hac fabula iam Romani dubitaverunt, tamen semper in mentibus hominum manet.
3. In alia fabula a Livio[1] scripta legimus vitam Romuli miro[2] modo finitam esse.
4. Homines aliquando a Romulo in campum Martium[3] convocati subito tempestate ingenti terrentur.
5. Et paulo post imbre[4] forti prohibentur regem, qui in sella[5] sedet, conspicere.
6. Mox autem, postquam imber desiit et sol rediit, homines illam sellam[5] vacare animadvertunt.
7. Timore moti multi inter se quaerunt: „Quid accidit? Estne sublatus Romulus a patribus?
8. A quo regemur? Cui imperium summum dabitur?"
9. Sed tum haud paucae voces audiebantur Romulum a deis in caelum acceptum esse.   103 LW

1) Livius, -i: Livius (römischer Geschichtsschreiber) 2) mirus, -a, -um: wundervoll, wundersam

3) campus Martius: Marsfeld (in Rom) 4) imber, -bris: Regen 5) sella, -ae: Sessel, Thron

10 | Übersetzung (ohne Zusatzaufgabe)   bis Lektion 28

Späte Einsicht

1. Croesus rex Delphos[1] venerat oraculum petens. Hoc ei responsum est:
2. „Croese, si Halyn[2] transieris, magnum regnum delebis."
3. Rex autem spe victoriae agitatus milites contra Persas duxit. At ab eis pugna victus est.
4. Post cladem Croesus in rogo[3] positus est. Iam flammae cernebantur, cum rex clamavit: „O Solo!"
5. Statim Cyrus, rex Persarum, Croesum ad se adduci iussit et huic dixit: „Quam ob rem Solonem vocavisti?"
6. Croesus his verbis respondit: „Quondam Solonem aurum meum spectantem interrogavi: ‚Quem virum felicissimum omnium putas?'
7. Et ille virum Atheniensem appellavit, qui vitam parcam vixerat et a liberis amatus de vita decesserat.
8. Nunc illum verum dixisse intellexi."   99 LW

1) Delphi, -orum: Delphi (zentrale Orakelstätte in Griechenland) 2) Halys, (Akk. Halyn): Halys (Grenzfluss zwischen dem Lyder- und Perserreich) 3) rogus, -i: Scheiterhaufen

17

Phase 2

11 ◁ **A) Übersetzung**   bis Lektion 28

Gallier vor Rom

1. Postquam milites Romani exercitui Gallorum resistere non potuerunt, multi cives timore moti spem in deis posuerunt.
2. Homines autem metu affecti in aedem ruerunt et periculum mortis timentes sacerdotes consuluerunt:
3. „Impetui hostium pares non erimus. Quo modo illos adversarios ab urbe nostra arcebimus?
4. Universi manibus eorum necabimur, arx delebitur."
5. Illis responsum est: „Sortem nostram deis committemus.
6. Sin hostes urbem oppugnabunt, ad arcem natura loci munitam ascendemus.
7. Cum ad illum locum sacrum pervenerimus, certe a deis custodiemur."   75 LW

B) Aufgabenteil ⌵

▷ SPRACHE

1. Verwandle die folgenden Passivformen in die entsprechenden Formen des Aktivs.   3 BE

    deletur ▷ _____   mittemini ▷ _____

    vincebar ▷ _____

2. Ordne die Begriffe der oberen Reihe und die deutschen Subjunktionen in der unteren Reihe jeweils dem richtigen Fachbegriff in der Mitte zu (z. B. modal – Umstand – indem).   4 BE

    Bedingung   nicht beachteter Grund   Zeit   beachteter Grund

           weil   obwohl   wenn   als/nachdem

temporal	konditional	kausal	konzessiv
▼	▼	▼	▼

| Prüfungstraining | Phase 2 |

3. Ersetze die folgenden Formen von *hic, haec, hoc* durch die entsprechenden Formen
   von *ille, illa, illud*.

3 BE

haec incendia ▷ _____

hunc metum ▷ _____

hac clade ▷ _____

▷ **GRUNDWISSEN**

4. „Das war ein echter Pyrrhussieg." Erkläre kurz, wie diese Aussage zu verstehen ist.

2 BE

_____

_____

▷ **ANTIKE KULTUR**

5. Computer-Latein: Erkläre, auf welches lateinische Wort der jeweilige Computer-Fachausdruck
   zurückzuführen ist, und erkläre dann anhand der deutschen Bedeutung die Funktion.

2 BE

delete-Taste ▷ _____

formatieren ▷ _____

6. Erkläre in knappen Worten, was auf dem nebenstehenden Bild passiert. Um wen handelt es
   sich bei den beiden Hauptpersonen im Vordergrund?

3 BE

_____

_____

_____

_____

7. Die Römer setzten sich in drei großen Kriegen mit Karthago, der Heimatstadt Hannibals,
   auseinander. Gib an, wie diese drei Kriege bezeichnet werden.

1 BE

_____

Gesamt:
18 BE

Phase 2

12 ◁ **A) Übersetzung**   bis Lektion 28

„Die Perser kommen!"

1. Aliquando Xerxes, ille superbus Persarum[1] rex, cum exercitu suo impetum in
   Graecos fecit.

2. Qui in Thermopylis[2] angustis fortiter eis restiterunt.

3. Persae[1] a rege agitati paucos adversarios oppugnabant.

4. Sed Graeci opportuna natura loci muniti non vincebantur.

5. Xerxes clade vehementer commotus intellexit Graecos pelli non posse.

6. Itaque illos fefellit. Media nocte via quadam[3] Thermopylas[2] ascendit et Graecos a
   tergo[4] temptavit.

7. Tum Leonidas clamavit: „Fallimur! A tergo[4] oppugnamur! Tamen nos non recipiemus!
   Mandatum nostrum a nobis perficietur, etsi interficiemur."   76 LW

   *1) **Persae, -arum** m: die Perser 2) **Thermopylae, -arum**: die Thermopylen (ein Gebirgspass in*
   *Mittelgriechenland) 3) **via quadam** (hier): auf einem Geheimweg 4) **a tergo**: im Rücken, von hinten*

B) Aufgabenteil

▷ **SPRACHE**

1. Aussortieren: Unterscheide die Formen des Infinitivs Präsens Passiv und der 1. Person
   Singular Perfekt Aktiv und trage sie in die entsprechende Spalte der Tabelle ein.   3 BE

	Infinitiv Präsens Passiv	1. Person Singular Perfekt Aktiv
eripi – neglexi – adduci – cerni – commisi – deleri		

2. Lückentext: Bei allen fehlenden Formen des Lückentexts handelt es sich um Formen des
   PPA. Beachte die Bezüge und ergänze sie sprachlich korrekt.   3 BE

   Homines ad urbem **acced**_____ laeti sunt.

   Filium verba patris **audi**_____ vidimus.

   Hostibus urbem **oppugna**_____ resistimus.

3. Bilde die folgenden Formen der u-Deklination.   2 BE

   exercitus ▷ Dativ Plural ▷ Genitiv Singular ▷ Akkusativ Plural ▷ Ablativ Singular

   ▷_____ ▷_____ ▷_____ ▷_____

Prüfungstraining | Phase 2

4. Genau das Gegenteil: Gib zu den folgenden Wörtern das lateinische Wort an, das jeweils genau das Gegenteil bedeutet.

2 BE

iniquus, -a, -um ▷_____

clades, -is ▷_____

> GRUNDWISSEN

5. Gib an, welches Genus in der Regel die Substantive der ē-Deklination und welches Genus in der Regel die Substantive der u-Deklination haben.

2 BE

ē-Deklination = _____

u-Deklination = _____

> ANTIKE KULTUR

6. „Hannibal ad portas!" Erkläre anhand deiner Geschichtskenntnisse kurz, wie es zu diesem Ausruf kam.

2 BE

_____

_____

7. Nenne die beiden höchsten Ämter des *cursus honorum* und erläutere kurz die Aufgaben, die die Beamten jeweils in diesen Ämtern hatten.

2 BE

_____   _____

_____   _____

8. „Streik" der Plebejer. Schreibe in die Transparente zwei Forderungen, die die Plebejer bei ihrer *secessio* erhoben hatten.

2 BE

Gesamt:
18 BE

21

Phase 2

13 A) Übersetzung

bis Lektion 28

Galliergefahr

1. Diu Romani periculum Gallorum in Italiam invadentium neglexerant.
2. Sed post cladem ad Alliam[1] acceptam cives metu affecti principes civitatis his verbis adierunt:
3. „Cur exercitus noster ibi loco iniquo cum hostibus conflixit?
4. Nonne animadvertistis Gallos milites nostros pellentes nemini pepercisse?
5. Num spem in classe Romana ponitis?"
6. Principes responderunt: „Fallimini, cives. Immo nos in terra impetui Gallorum resistere necesse est.
7. Itaque urbem Romam omnibus viribus pugnantes defendemus.
8. Sin autem exercitus noster ab illis victus erit, ascendite cito ad arcem natura loci munitam! Dei vos servabunt."

83 LW

1) *Allia, -ae: Allia* (kleiner Fluss in Latium in der Nähe Roms)

B) Aufgabenteil

> SPRACHE

1. Gib zu den folgenden Substantiven je ein verwandtes lateinisches Verb im Infinitiv Präsens an

   (z. B. amor ▷ amare).

   2 BE

   metus, -us ▷_____

   finis, -is ▷_____

2. Verwandle die folgenden Formen jeweils in ihre Passivform.

   3 BE

   adduxistis ▷_____   recipit ▷_____

   rapuerat ▷_____

3. Übersetze die folgende unterstrichene Partizipialwendung mit einem Adverbialsatz in zwei verschiedenen Sinnrichtungen. Gib außerdem die jeweilige Bezeichnung der Sinnrichtung an.

   4 BE

   Res publica ab imperatore servata libera fuit.

   Übersetzung: _____   Sinnrichtung: _____

   Übersetzung: _____   Sinnrichtung: _____

4. Setze die richtige Form von *ille, illa, illud* ein.

   1 BE

   a) _____ diebus   b) _____ militum

Prüfungstraining   Phase 2

> GRUNDWISSEN

5. Gib an, welches Zeitverhältnis der Infinitiv Präsens bzw. der Infinitiv Perfekt im AcI

   ausdrückt.   2 BE

   Infinitiv Präsens = _____

   Infinitiv Perfekt = _____

> ANTIKE KULTUR

6. Wer waren die beiden großen Gegenspieler aufseiten der Perser bzw. der Griechen bei

   der Seeschlacht von Salamis 480 v. Chr.? Erläutere kurz, weshalb die zahlenmäßig weit

   unterlegenen Griechen die persische Flotte besiegen konnten.   3 BE

   _____

   _____

   _____

7. Wie bezeichneten die Griechen den auf der griechischen

   1-Cent-Münze dargestellten Schiffstyp?   1 BE

   _____

8. Zu welcher Situation passen die folgenden Sprichwörter? Ordne zu (z. B. C ▷ 5).   2 BE

   A) **Veni, vidi, vici.**

   B) **Vae victis!**

   1 Du kommst nach den großen Ferien in die Schule und freust dich, deine Klassen-

      kameraden wiederzusehen.

   2 Nach einem Volleyball-Spiel beschwert sich die gegnerische Mannschaft, ihr hättet nur

      mit Glück gewonnen. Doch du bringst sie mit einem kurzen Ausruf zum Schweigen.

   3 Du bist pünktlich zur Bushaltestelle gekommen, doch der Bus fährt dir vor der Nase weg.

   4 Du wirst bei einem Fußballspiel kurz vor Schluss eingewechselt und schießt den

      entscheidenden Siegtreffer.

      A ▷ _____   B ▷ _____

                                                                                                                            Gesamt:
                                                                                                                            18 BE

Phase 2

14 A) Übersetzung   bis Lektion 28

Rom – Äneas – Romulus

1. Alii narrant Aeneam urbem Romam condidisse, alii dicunt eam a Romulo conditam esse.
2. Nunc id legere volumus, quod a Vergilio poeta[1] non breviter scriptum est:
3. Postquam Aeneas a Mercurio monitus cito litora Africae fugit, per mare terribile contendebat.
4. Ille vir magnus cum classe in Italiam pulsus Lavinium[2] regebat et postea Iulus, filius eius, regnum Albae Longae[3] accepit.
5. Post multos annos Romae a Romulo nomen datum est.
6. Qui Remum fratrem ob audaciam eius interfecit ira vehementer commotus, quia moenia urbis transiluerat[4].

80 LW

1) poeta, -ae: Dichter 2) Lavinium, -i: Lavinium (Stadt nördlich von Rom) 3) Alba Longa, -ae: Alba Longa (alte Stadt in den Albanerbergen) 4) transilire: überspringen

B) Aufgabenteil

> **SPRACHE**

1. Bestimme die Tempora der Verbformen, indem du das jeweils richtige Tempus unterstreichst.   3 BE

   a) **neglegemus**   Präsens – Imperfekt – Futur I – Perfekt – Plusquamperfekt – Futur II

   b) **excitaveris**   Präsens – Imperfekt – Futur I – Perfekt – Plusquamperfekt – Futur II

   c) **pariebar**   Präsens – Imperfekt – Futur I – Perfekt – Plusquamperfekt – Futur II

2. Die folgenden Formen sind mehrdeutig. Nenne jeweils zwei verschiedene Übersetzungsvarianten.   2 BE

3. Ergänze im folgenden lateinischen Satz die Lücken durch die korrekte Form des PPA.   3 BE

   Romani cum Hannibale civitatem **pet**_____ diu pugnabant.

   Magnam spem in Scipione exercitum **duc**_____ posuerunt.

   Sed Carthaginiensibus **invad**_____ Romani diu pares non erant.

Prüfungstraining   Phase 2

4. Setze die richtige Form des adjektivischen Interrogativ-Pronomens ein.   2 BE

   _____ amicae hoc donum das?

   _____ populus orbi terrarum imperavit?

> **GRUNDWISSEN**

5. Erkläre kurz, worin sich die beiden Pronomina *hic* und *ille* in ihrer Bedeutung unterscheiden.   2 BE

   _____

   _____

> **ANTIKE KULTUR**

6. Du stößt im Internet auf eine Seite, die sich mit Hannibal und dessen Kampf mit den Römern
   befasst. Allerdings merkst du sehr schnell, dass dem Verfasser einige Fehler beim Schreiben
   unterlaufen sind. Finde die drei Fehler im folgenden Text und korrigiere sie.   3 BE

   Hannibal rückte im 2. panischen Krieg gegen das Heer des Konsuls Q. Fabius Maximus vor.
   In der Schlacht am Lacus Trasimenus wurde Hannibal zwar vernichtend geschlagen, rückte
   aber dennoch gegen Rom vor. Wie ein Lauffeuer verbreitete sich diese Nachricht in der Stadt
   und aus allen Ecken tönte der Schreckensruf: „Vae victis!"

   _____

   _____

   _____

7. Woher kommt das jeweilige Fremdwort? Gib das lateinische Ursprungswort in seiner
   Grundform (Nominativ Singular bzw. Infinitiv Präsens) an.   2 BE

   Im **Finale** der Weltmeisterschaft gab die Mannschaft ihrem Gegner kräftig **Kontra**.

   _____   _____

8. Ein anderer berühmter Feldherr hatte ebenfalls seine Feinde besiegt. Er soll aber nach der
   Schlacht ausgerufen haben: „Wenn ich noch einen solchen Sieg erringe, bin ich verloren!"
   Wie lautet der Name dieses bekannten „Siegers"?   1 BE

   _____

                                                                              Gesamt:
                                                                              18 BE

                                                                                    25

Phase 2

15 ◁ A) Übersetzung   bis Lektion 28

Äneas von Troia nach Italien

1. Postquam Troia dolo Ulixis expugnata est, multi Troiani interfecti sunt, pauci fugerunt.
2. Inter hos erant Aeneas comitesque eius.
3. Qui per maria diu errabant et tandem navibus ad litus Africae venerunt.
4. Aeneas autem a Didone, regina Carthaginiensium, vehementer amatus hinc abire noluit.
5. Sed a Mercurio de voluntate deorum monitus occulte classem paravit et magno dolore affectus reginam reliquit, non sua sponte, sed a deis coactus.
6. Paulo post Aeneas incolumis in Italiam pervenit. Ibi Iulus, filius Aeneae, urbem condidit, ubi posteri[1] eius civitatem diu clementer regebant.   84 LW

1) posteri, -orum: Nachkommen

B) Aufgabenteil

▷ **SPRACHE**

1. Ergänze die fehlenden Zeiten der folgenden Verbformen in der vorgegebenen Person.   3 BE

	Perfekt	Futur I
auditur		
vincimini		
fallis		

2. Verwandle in die entsprechende Singular- bzw. Pluralform.   2 BE

temptantis ▷_____   intellegentes ▷_____

resistenti ▷_____   committentibus ▷_____

3. Paare bilden: Stelle jeweils die beiden Substantive zusammen, die die gleiche oder eine sehr ähnliche Bedeutung haben.   3 BE

proelium – templum[i] – timor – aedis – metus – pugna

_____/_____   _____/_____

_____/_____

Prüfungstraining

4. Übersetze die folgenden Ausdrücke jeweils mit <u>einem</u> deutschen Verb
   (z. B. in vincula dare ▷ fesseln).   2 BE

   magna voce dicere ▷_____

   verba falsa facere ▷_____

> **GRUNDWISSEN**

5. „Vae victis!" Wer sagte das in welcher historischen Situation?   2 BE

   _____

   _____

> **ANTIKE KULTUR**

6. In der Chemie werden lateinische Abkürzungen zur Bezeichnung von Metallen verwendet
   (z. B. Blei = plum<u>b</u>um ▷ Pb). Trage das entsprechende Kürzel aus den unten angegebenen
   Vorschlägen ein.   2 BE

   Ab   **Ad**   **Af**   **Ag**   **Al**   **Au**

   Gold ▷_____   Silber ▷_____

7. Blick auf den persischen Königshof: Ein Sklave musste der Überlieferung zufolge täglich zu
   Großkönig Dareios sagen: „Herr, gedenke der Athener!" Erläutere kurz, was der Grund für
   diesen Auftrag war bzw. woran Dareios erinnert werden musste.   2 BE

   _____

   _____

8. Die Abbildung zeigt Gänse auf einem antiken Relief. Erkläre, wieso die Tiere zu dieser
   ungewohnten Ehre kommen konnten.   2 BE

   _____

   _____

   _____

Gesamt:
18 BE

Phase 2

16 ◁ A) Übersetzung   bis Lektion 28

Feinde der Römer

1. Aliquando Romani ab hostibus terribilibus in summa pericula adducti sunt.
2. Principes civitatem tutam quidem putaverunt, sed haud paucas clades acceperunt.
3. Primo Romanos a Gallis acriter temptatos et pulsos esse scimus.
4. Qui, postquam in urbem Roman invaserunt, etiam arcem expugnare studuerunt.
   Vix a custodia prohibiti sunt.
5. Postea Hannibal, dux Carthaginiensium, exercitum suum in Italiam duxit; cuius impetui
   Romani magno metu affecti resistere non potuerunt.
6. Ille multa proelia commisit, multitudinem hominum crudeliter necavit, oppida natura
   loci munita cepit incendioque delevit.
7. Postremo Scipio, qui exercitui Romano praeerat, Hannibalem magna pugna vicit.   88 LW

B) Aufgabenteil

> **SPRACHE**

1. Verwandtschaft gesucht: Vervollständige die Wortfamilie, indem du zu jedem der folgenden
   Verben ein verwandtes Substantiv mit dessen deutscher Bedeutung einträgst (z. B. incendere
   ▷ incendium ▷ Brand, Feuer).   3 BE

   vincere   ▷_____   ▷_____

   significare   ▷_____   ▷_____

   arcere   ▷_____   ▷_____

2. Ein Wort tanzt jeweils aus der Reihe. Gib es an und begründe kurz deine Entscheidung.   2 BE

	Irrläufer	Begründung
adducor – prior – neglegor – capior		
liberis – victoriis – viris – vinceris		

3. Verwandle den folgenden Satz ins Passiv.   3 BE

   Consul cives periculum timentes monet.

   _____

4. Ergänze die folgende Stammformenreihe und gib zwei verschiedene deutsche Bedeutungen
   des Verbs an.   2 BE

   _____   _____   _____ traiectum

   Deutsche Bedeutungen: _____   _____

28

Prüfungstraining   **Phase 2**

> GRUNDWISSEN

5. Erkläre kurz, was die Römer meinten, wenn sie vom *„dies ater"* sprachen.   2 BE

_____

_____

> ANTIKE KULTUR

6. Wen stellt die Abbildung dar?
   Begründe deine Entscheidung
   durch Argumente, die du der
   Abbildung entnimmst.   2 BE

   _____

   _____

_____

_____

7. Who is who in der antiken Welt? Kreuze die richtige Antwort an.   2 BE

   Tarquinius Superbus   **Xerxes**

   Kaiser   ☐   griechischer Feldherr   ☐

   König   ☐   persischer Oberpriester   ☐

   Konsul   ☐   griechischer König   ☐

   Diktator   ☐   persischer Großkönig   ☐

8. Die folgenden Fremdwörter sind alle von PPA-Formen lateinischer Verben abgeleitet. Gib das
   jeweilige lateinische Verb in Infinitiv Präsens an und erkläre dann das Fremdwort (siehe auch
   das Beispiel).   2 BE

Fremdwort	vom lateinischen Verb	Erklärung: eine Person, die ...
z. B. Regent	regere	herrscht
Simulant		
intelligent		

                                                                    Gesamt:
                                                                    18 BE

Phase 3

17 ◁ Übersetzung (ohne Zusatzaufgabe)　　　　bis Lektion 31

Cäsar und Kleopatra

1. Cleopatra, mulier egregia forma, auxilium a Caesare petivit.
2. Cum enim regnum cuperet, familiarem vocavit et „Caesar", inquit, „poscit, ut occulte ad se veniam.
3. Sed id ago, ne capiar neve[1] in carcerem[2] deducar.
4. Proinde, ne servi regis me omnino animadvertant, tibi impero, ut me in tapete[3] in-volutam ad imperatorem portes."
5. Profecto amicus reginae custodes fefellit.
6. Ubi autem tapete[3] depositum est, Cleopatra Caesarem oravit, ne Ptolemaeo fratri parceret.
7. Et hoc affirmavit: „Scio, quae consilia ab illo inita sint.
8. Iste tam audax est, ut te supplicio affici velit."
9. Tum Caesar admiratione et amore huius mulieris captus Aegyptum reliquit.
10. Paulo post Cleopatra filium peperit, cui nomen „Kaisarion" datum est.　　　106 LW

    1) **neve:** *und nicht (im mit* ne *eingeleiteten Absichtssatz)　2)* **carcer, -eris:** *Gefängnis　3)* **tapete, -is** *n: Teppich*

18 ◁ Übersetzung (ohne Zusatzaufgabe)　　　　bis Lektion 32

„Das Monster hat die Stadt verlassen."

1. Cicero in senatu summa ira commotus haec dixit:
2. „Tandem, Quirites[1], Catilinam urbi nostrae incendio et interitu minitantem[2] pepulimus.
3. Nunc hoc monstrum[1] urbem reliquit.
4. Cum enim coniuratio eius pateat, hic inter cives manere non iam audet.
5. Scitisne, quod scelus iste homo in animo volvat?
6. Scitisne, quare Catilina exercitum atque milites convocaverit?
7. Nonne conceditis, ut vobis dicam, quae consilia ab isto inita sint?
8. Qui odio adductus cogitat impetum contra Romam facere, cum Roma eum genuerit et aluerit.
9. At ego, Quirites[1], id ago, ne nobis pernicies ab isto monstro[1] paretur.
10. Vos obsecro, ut universi metum neglegentes Catilinae resistatis."　　　94 LW

    1) **Quirites, -um:** *Bürger　2)* **minitans, -ntis:** *PPA zu* **minitari** *(m. Abl.): drohen mit*

Prüfungstraining   Phase 3

19 ◁ A) Übersetzung   bis Lektion 32

Ciceros grausames Ende

1. Cum Caesar interfectus esset, Cicero postulavit, ut civitas libera restitueretur[1].

2. Protinus contra Antonium, Caesaris familiarem, talem orationem habuit[2], ut odium
   istius accenderet.

3. Dixit: „Cerno, quod scelus obscurum volvas. Scio, quae consilia inieris!

4. Tu id agis, ut senatui imperium eripiatur. Te obsecro, ne civitatem in perniciem
   adducas."

5. Ciceronem autem, cum Antonius insidias in eum pararet, ex urbe fugere necesse erat.

6. Sed fugientem repente milites Antonii circumvenerunt.

7. Qui senectutem et dignitatem eius neglegentes oratorem clarum sine mora
   interfecerunt.

8. Quantum scelus! Manus et caput Ciceronis, ut Livius[3] tradit, in rostris[4] posita sunt.   88 LW

   1) restituere: wiederherstellen 2) orationem habere: eine Rede halten 3) Livius, -i: Livius (römischer

   Geschichtsschreiber) 4) in rostris: auf die Rednerbühne

B) Aufgabenteil

▷ SPRACHE

1. Chamäleon *cum*: Übersetze den folgenden Satz in drei verschiedenen Sinnrichtungen und gib
   den grammatikalischen Fachbegriff für die jeweilige Sinnrichtung an.   3 BE

   Amicus venit, cum periculum cognoscat.

	Übersetzung	Sinnrichtung
1	Der Freund kommt,	
2	Der Freund kommt,	
3	Der Freund kommt,	

2. Verwandle die folgenden Verbformen in die entsprechende Form des Konjunktivs.
   Tempus, Numerus und Person bleiben gleich.   2 BE

   proponebat ▷ _____   quievisti ▷ _____

   deprehenderant ▷ _____   affirmatur ▷ _____

3. Ist ja nicht wahr: Setze den folgenden Satz in den Irrealis der Vergangenheit.   2 BE

   Si venitis, felices sumus.

Phase 3

4. Erkläre die Fremdwörter, indem du das zugrunde liegende lateinische Wort in seiner
Lernform und mindestens eine passende deutsche Bedeutung angibst.   3 BE

z.B. Autorität	auctoritas	Ansehen/Einfluss
Simulation		
Respekt		
Konzession		

> **GRUNDWISSEN**

5. 63 v. Chr. wagte Sergius Catilina einen Putsch. Erkläre kurz, was man unter einem Putsch
versteht.   2 BE

_____

_____

> **ANTIKE KULTUR**

6. Das Bild aus dem
   19. Jh. trägt den Titel:
   „Catilina vor dem Senat".
   Erkläre kurz, was der
   Maler mit der Darstellung
   des Catilina (rechts im Bild)
   zum Ausdruck bringen
   wollte.   2 BE

_____

_____

7. Ein ungleiches Paar! Erkläre anhand deiner Lateinkenntnisse, was die Namen Barbara und
Clemens bedeuten.   2 BE

Barbara = _____   Clemens = _____

8. Für welche beiden Bauwerke war das antike Alexandria weltberühmt?   2 BE

_____   _____

Gesamt:
18 BE

Prüfungstraining   Phase 3

20 ◁ A) Übersetzung   bis Lektion 32

Cicero kontra Catilina

1. Catilina, vir nobilis, sed corruptus, multos iuvenes incitaverat, ut contra civitatem
   Romanam coniurationem facerent.
2. Quam cum comperisset, Cicero sine mora senatum convocavit.
3. Ibi senatoribus dixit: „Cavete istum hominem, qui libidine imperii accensus multa[1] nocte
   id egit, ut cives bonos interficeret.
4. Vos omnes iam occidissetis et civitas iam in perniciem adducta esset, nisi ego libertatem
   defendere constituissem.
5. Nunc comprehendite, cur mihi exercitu et armis opus sit!
6. Scio enim extra urbem tres exercitus Catilinae ad pugnam paratos esse.
7. Proinde nos universi id studere debemus, ut hoc periculum a civitate nostra avertamus.“   88 LW

   1) **multus, -a, -um** (hier): *tief*

B) Aufgabenteil

▷ **SPRACHE**

1. Ergänze die Lücken durch die richtige Form.   2 BE

   Cavete **can**_____!   Scelesti **supplici**_____ afficiuntur.

2. Alles Konjunktiv oder was? Suche alle Konjunktivformen aus den folgenden Formen heraus
   und gib das Verb in seiner jeweiligen Lernform an (z. B. laudes ▷ laudare).   3 BE

   arces − arcesses - arcerem − eatis − eratis − erratis − vocem − vocis − volves

Konjunktivform	Lernform

3. Ergänze die fehlende Subjunktion und begründe kurz deine Entscheidung (z. B. konditionale
   Sinnrichtung).   2 BE

   Caesar, _____ urbem expugnavisset, abiit.

   Begründung: _____

Phase 3

4. Familientreffen. Gib zu jedem Substantiv ein Verb aus der gleichen Wortfamilie und dessen
   deutsche Bedeutung an.   3 BE

   aedis ▷ _____   ▷ _____

   conspectus ▷ _____   ▷ _____

   dux ▷ _____   ▷ _____

> **GRUNDWISSEN**

5. Gib an, was lateinische Gliedsätze, deren Prädikat im Konjunktiv steht, ausdrücken können.   2 BE

   _____

   _____

> **ANTIKE KULTUR**

6. Erkläre kurz, worauf man anspielt, wenn man von einem „gordischen Knoten" spricht.   2 BE

   _____

   _____

7. Gib an, auf welche antike Einrichtung die moderne Bezeichnung „Museum" zurückgeht.
   Wofür war diese Einrichtung in der Antike berühmt?   3 BE

   _____

   _____

8. Welches in der Antike weltberühmte
   Gebäude ist hier dargestellt? Wo stand es?   1 BE

   _____

   _____

Gesamt:
18 BE

Prüfungstraining — Phase 3

21 A) Übersetzung
bis Lektion 32

Die gefährlichen Sirenen

1. Certe iam legistis, quae et quanta pericula Ulixes multos annos suscepisset.
2. Cum enim Troia deleta esset, Neptunus odio Ulixis accensus numquam desiit id studere, ut ille per maria agitaretur.
3. Aliquando etiam id egit, ut Ulixes blanda Sirenum[1] voce semper apud eas manere cogeretur.
4. Ulixes autem dolum istius dei perspiciens comitibus dixit:
5. „Cavete, ne carmina[2] harum puellarum audiatis! Claudite aures cera[3]!
6. Nam si pulchra Sirenum[1] voce caperemur, in insula earum semper retineremur[4] et numquam incolumes in patriam rediremus."

77 LW

1) *Sirenes, -um:* Sirenen (Vögel mit Mädchenköpfen) 2) *carmen, -minis:* Lied 3) *cera, -ae:* Wachs
4) *retinere:* festhalten

B) Aufgabenteil

 SPRACHE

1. Thema Irrealis: Erkläre kurz, was mit einem Irrealis der Gegenwart bzw. der Vergangenheit ausgedrückt wird. Wie wird er jeweils im Deutschen wiedergegeben? 3 BE

_____

_____

2. Verben-Schatzkiste: Trage die jeweiligen Formen des Konjunktivs Imperfekt und des Konjunktivs Plusquamperfekt in die richtige Spalte der Tabelle ein und übersetze jede Form. 3 BE

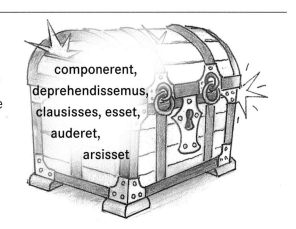

componerent, deprehendissemus, clausisses, esset, auderet, arsisset

Konjunktiv Imperfekt	Konjunktiv Plusquamperfekt	Deutsche Übersetzung

3. Welches Wort drückt was aus? Ordne zu (z. B. E ▷ 5). 2 BE

1) Begehren	2) Folge	3) Grund	4) indirekte Frage
ut	cum	cur	ut … non
A	B	C	D

Phase 3

4. Gib jeweils das lateinische Ursprungswort der beiden fett gedruckten Fremdwörter und dessen deutsche Bedeutung an.

    2 BE

Das **all-inclusive** Hotel bietet eine sehr **familiäre** Atmosphäre.

_____   _____

_____   _____

▷ GRUNDWISSEN

5. Erkläre, wer im antiken Rom die „Optimaten" und wer die „Popularen" waren.

    2 BE

▷ ANTIKE KULTUR

6. Du bist ein Römer bzw. eine Römerin des Jahres 133 v. Chr. Ein Onkel aus der Provinz Hispania ist zu Besuch und will wissen, weshalb es denn in der Stadt eine so große Aufregung um die beiden Brüdern Tiberius und Gaius Gracchus gibt. Erkläre ihm die Situation in kurzen Worten.

    3 BE

7. „Wanted!" Wer ist die Dame in der Mitte zwischen den beiden Brüdern Gaius und Tiberius?

    1 BE

8. Erkläre, wen die Römer als *homo novus* bezeichneten. Wer war z. B. ein solcher *homo novus*? Nenne ein Beispiel.

    2 BE

Gesamt:
18 BE

Prüfungstraining — Phase 3

22 A) Übersetzung   bis Lektion 32

Wer hatte weniger Angst?

1. Cottidie custodes Alexandrum obsecrabant, ut insidias occultas caveret.
2. Itaque, cum ille Diogenem cognoscere vellet, primo iter recusaverunt, deinde autem cum Alexandro Corinthum ierunt.
3. Postquam rex et philosophus¹ multa inter se disputaverunt¹, Alexander dixit:
4. „Dic mihi, quid a me petas?"
5. Diogenes: „Recede² paulum! Nam solem prohibes."
6. Custodes: „Quid audes? Cave, ne supplicio afficiaris!"
7. Diogenes: „Mors me non terret, cum donum naturae sit."
8. Tum regi tanta in philosophum¹ admiratio incessit, ut responderet:
9. „Nisi Alexander essem, Diogenes esse vellem."   76 LW

1) *disputare*: diskutieren, sich unterhalten   2) *recedere*: zurückgehen, zurücktreten

B) Aufgabenteil

SPRACHE

1. „To be or not to be": Verwandle die folgenden Indikativformen von *esse* in die entsprechende Konjunktivform.   2 BE

   es ▷ _____   fuerant ▷ _____

   eramus ▷ _____   fuisti ▷ _____

2. Irrealis pur: Ergänze die fehlenden lateinischen Konjunktivformen.   4 BE

   Nisi Romani Hannibalem **vic**_____ , urbs Roma expugnata **es**_____ .

   Nisi te vires **defic**_____ , diutius *(länger)* currere **po**_____ .

3. Welches Verb passt seiner Bedeutung nach jeweils nicht in die Reihe? Kreuze es an.   3 BE

   a) ☐ aedificare   ☐ perficere   ☐ mittere   ☐ facere
   b) ☐ dicere   ☐ diligere   ☐ respondere ☐ vocare
   c) ☐ probare   ☐ aspicere   ☐ videre   ☐ spectare

4. Unterstreiche die beiden Substantive, die Neutra sind.   1 BE

   onus – domus – protinus – scelus – interitus – senectus

> **GRUNDWISSEN**

5. Schildere kurz den berühmten Trick, mit dem es Kleopatra schaffte, in Cäsars Palast zu gelangen. 2 BE

_____

_____

> **ANTIKE KULTUR**

6. Welche Aussage trifft den Inhalt des folgenden lateinischen Sprichworts? 2 BE

   Manus manum lavat.

   a) Man hilft sich gegenseitig. b) Man behindert sich gegenseitig.

   c) Man streitet sich untereinander. d) Man ist sich untereinander einig.

   _____

7. Zwei Städte spielen im Leben Alexanders des Großen eine wichtige Rolle: Alexandria und Babylon. Erkläre kurz, wieso. 2 BE

_____

_____

8. Erläutere, welches historische Ereignis auf diesem Mosaik dargestellt wird. Wer sind die beiden Hauptpersonen? 2 BE

_____

_____

Gesamt: 18 BE

| Prüfungstraining | Phase 3 |

23 ◄ A) Übersetzung

bis Lektion 32

Die Republik in höchster Not

1. Hodie intellegetis, in quanto periculo libertas Romanorum fuerit et quemadmodum hoc periculum a civitate aversum sit.
2. Catilina enim, homo barbarus, Romae haud paucos iuvenes corrumpere audebat nullamque occasionem praetermittebat.
3. Aliquando multa[1] nocte iuvenes in domum hominis familiaris convocavit, ut occulte insidias contra civitatem componeret.
4. Sed Cicero consul, cum ei haec res prodita esset, sine mora in senatu dixit: „Exi, Catilina, discede, relinque urbem!
5. Vos, senatores, cavete istum hominem, cum cottidie scelus in animo volvat!
6. Postulo, ut supplicio afficiatur."
7. Nisi Cicero exercitum in Catilinam parare constituisset, civitas libera Romanorum certe occidisset.

90 LW

1) multus, -a, -um (hier): *tief*

B) Aufgabenteil

> **SPRACHE**

1. Subjunktion gesucht: Wähle die richtige Subjunktion aus und begründe deine Entscheidung, indem du angibst, welche Art von Gliedsatz jeweils vorliegt (z. B. quod – Kausalsatz).

3 BE

ne – ut – cum – ut non – utrum – quia

a) Postulo, _____ mihi adsis.   Begründung: _____

b) Romani, _____ urbem cepissent, abierunt.

Begründung: _____

c) Omnes animo acri pugnabant, _____ hostes urbem delerent.

Begründung: _____

2. Ab in den Konjunktiv: Verwandle die folgenden Formen in die entsprechende Konjunktivform.

3 BE

vult ▷ _____   comprehensi sunt ▷ _____

imus ▷ _____

3. Bilde zu folgenden Verben das jeweilige PPP (z. B. laudare ▷ laudatum).

2 BE

deprehendere ▷ _____   corrumpere ▷ _____

concedere ▷ _____   gignere ▷ _____

Phase 3

4. Ordne den vier lateinischen Sätzen den jeweils passenden Fachbegriff zu (z. B. 5 ▷ E). 2 BE

A) Irrealis der Gegenwart   B) Irrealis der Vergangenheit

C) indirekter Interrogativsatz   D) Konsekutivsatz

1) Te rogo, quid de me cogites.   ▷ _____

2) Romani tam fortes sunt, ut cunctos vincant.   ▷ _____

3) Si tacuisses, philosophus¹ mansisses.   ▷ _____

4) Nisi mihi amici essent, laetus non essem.   ▷ _____

> **GRUNDWISSEN**

5. Kleopatra ging mit Cäsar nicht nur eine persönliche Verbindung ein. Erkläre kurz, welche
weitere Ziele Kleopatra mit dieser Verbindung verfolgte. 2 BE

_____

_____

> **ANTIKE KULTUR**

6. Cicero-Special (I): Erläutere kurz, aus welchen Gründen sich Marcus Tullius Cicero als
Politiker mit vielen mächtigen Personen seiner Zeit anlegte. 2 BE

_____

_____

7. Cicero-Special (II): Cicero war nicht nur als Anwalt und Politiker erfolgreich. Erkläre, aufgrund
welcher anderen Leistungen er noch heute berühmt ist. 2 BE

_____

_____

8. Gib an, welches Gebäude im heutigen Alexandria
hier abgebildet ist. Welches ehrgeizige Ziel
verfolgte man mit der Einrichtung dieser
Institution? 2 BE

_____

_____

_____

Gesamt:
18 BE

40

Prüfungstraining   Phase 3

24 ◁ A) Übersetzung   bis Lektion 33

Diogenes auf Menschensuche

1. De Diogene, ut scitis, mirae fabulae traduntur.
2. Quae exponunt, quanta audacia Diogeni fuerit.
3. Quondam ille luce clara per urbem ibat lucernam[1] manu sinistra ferens.
4. Cum alium civem conveniebat, vultum eius illuminabat[2].
5. Diu hoc modo in via errabat pacem civium perturbans.
6. Illi enim nesciebant, quid Diogenes ageret.
7. Itaque ira vehementer accensi istum verbis malis adibant.
8. Postremo unus e civibus: „Dic mihi, Diogenes, quid velis! Nam si prudens[3] esses, hoc non faceres."
9. Tum Diogenes respondit: „Hominem quaero, sed nondum inveni."   78 LW

   1) lucerna, -ae: Lampe 2) illuminare: anleuchten 3) prudens, -ntis: klug

B) Aufgabenteil

▷ SPRACHE

1. *„Trag"* es mit Fassung! Verwandle die folgenden Formen von *portare* in die entsprechenden Formen von *ferre*.   3 BE

   portarem   ▷ _____

   portaverunt ▷ _____

   portabimus ▷ _____

2. Verwandle die folgenden Indikativformen in die entsprechende Konjunktivform.   3 BE

   capio   ▷ _____   ferebatur ▷ _____

   composuerunt ▷ _____   diligis   ▷ _____

   circumveneratis ▷ _____   latus eram ▷ _____

3. Benenne die mit einem Pfeil gekennzeichneten Körperteile mit den lateinischen Vokabeln.   2 BE

   _____   _____

   _____   _____

41

Phase 3

4. Suche aus den folgenden englischen Sätzen zwei Vokabeln heraus, die auf lateinische Wörter
   zurückzuführen sind, und schreibe sie in ihrer lateinischen Lernform auf.   2 BE

   A part of the children were quiet. This was suspect to the teacher.

   _____   _____

> GRUNDWISSEN

5. Für die Schlacht bei Issos gibt es einen berühmten Merkspruch. Wie lautet er und wer
   kämpfte da eigentlich gegen wen?   2 BE

   _____

   _____

> ANTIKE KULTUR

6. Du bist Reiseführer und stehst mit deiner Gruppe vor der gewaltigen antiken
   Grenzsicherungsanlage, die sich mitten durch Deutschland zieht. Die Mitglieder der
   Reisegruppe haben eine Menge Fragen an dich. Beantworte sie.   3 BE

   „Wie heißt denn eigentlich dieser Grenzwall? Da gibt es doch eine lateinische

   Bezeichnung?"   Reiseführer: _____ *„Und wer hat dieses riesige*

   Ding erbauen lassen?" Reiseführer: _____ und _____ .

   „Wenn sich diese Anlage durch ganz Deutschland zog, lagen da doch sicher noch mehr

   Städte in der Nähe. Können Sie mir zwei dieser Städte mit ihrem lateinischen Namen nennen?"

   Reiseführer: _____ und _____ .

   „Aha, und wie lang war diese Grenzanlage insgesamt?" Reiseführer: ca. _____ km.

7. Gib an, wer mit dieser Statue dargestellt ist. Erkläre kurz,
   welche Aussage mit der Körperhaltung und der Geste
   dem Betrachter vermittelt werden soll.   3 BE

   _____

   _____

   _____

   _____

Gesamt:
18 BE

Prüfungstraining   Phase 4

25 ◁ **Übersetzung** (ohne Zusatzaufgabe)   bis Lektion 35

Alexander der Große

1. Patre vivo Alexander se iuvenem magnae virtutis praestitit.
2. Aliquando, cum animum acrem equi, quem nemo domare[1] potuerat, fregisset, pater eum his verbis adiit:
3. „Mi fili, oportet te regnum petere, quod tibi par est. Macedonia te non capit."
4. Sed insidiis patri compositis et eo occiso Alexander regnum Macedoniae suscepit.
5. Tum eo duce exercitus Graecorum in Asiam iter fecit.
6. Ibi Alexander, cum multas regiones pacavisset, regi Persarum[2] gravem calamitatem attulit.
7. Persepolim autem, pulchrum regni caput, igne delevit.
8. Persae[2] enim tum Graecis magno odio erant, cum prius Xerxes, dux eorum, Graeciam exercitu et navibus petivisset et ibi neque aedificiis neque templis[1] pepercisset.
9. Qua de causa poenis affecti sunt.   105 LW

1) domare (Perf. domui): zähmen, bändigen 2) Persae, -arum m: die Perser

26 ◁ **Übersetzung** (ohne Zusatzaufgabe)   bis Lektion 35

Nero, ein grausamer Kaiser

1. Imperatori Claudio insidiis caeso Nero, adhuc adulescens, successit.
2. Qui imperio accepto consilia Senecae, cum ei magno usui essent, primo non despexit.
3. Postea autem Neronem ceteris imperatoribus nimia crudelitate praestitisse ferunt.
4. Timebat enim, ne et ipse ab inimicis circumveniretur et caederetur.
5. Romae autem Nerone vivo nonnullos dies incendium ingens ita saeviebat, ut domos pauperum et divitum deleret.
6. Neronem ipsis noctibus e turri alta urbem pereuntem cecinisse fama fert.
7. Cum vulgus inopia frumenti premeretur, pretium eius minui oportebat, ne seditio moveretur.
8. Postquam autem a Nerone domus aurea exstructa esset, suspicio erat ignem eo auctore factum esse.
9. Postremo iste imperator crimen incendii Christianis[1] tribuit eisque summum terrorem intulit.   106 LW

1) Christiani, -orum: die Christen

Phase 4

27 A) Übersetzung
bis Lektion 35

Ceres' Zorn

1. Filia a Plutone rapta Ceres maesta erat; qua de causa ad Celeum[1] regem iit, ut ibi filio eius nutrix[2] esset.
2. Dea autem puerum, cum eum valde amaret, im-mortalen facere voluit.
3. Itaque illum in igne foci[3] ponere studebat ceteris dormientibus.
4. Sed mater, cum clamorem filii audivisset, accurrit et Cererem filium manu in igne tenentem animadvertit.
5. Clamavit: „Ferte opem, custodes!"
6. Tum Ceres de hominibus stultis irata omnem potentiam deae praestitit et matri magnum terrorem intulit.
7. Ut autem dea placaretur[4], rege auctore templum[1] ei aedificatum est.

81 LW

1) Celeus, -i: Keleus (König von Eleusis bei Athen) 2) nutrix, -icis: Amme 3) focus, -i: Herd
4) placare: besänftigen, versöhnen

B) Aufgabenteil

▶ Sprache

1. Verwandle folgende Formen von *ferre* in die jeweilige Passivform. 3 BE

   feram ▷ _____   tulerunt ▷ _____

   feres ▷ _____

2. Ergänze den Ablativus absolutus durch die korrekte Verbalform. 3 BE

   Pace _____ (facere) cuncti laeti fuerunt.

   Cicero amicis _____ (audire) multa disseruit.

   Multis bellis bene _____ (gerere) Romani victoriis gaudebant.

3. Erkläre die Zeichnung, indem du aus folgenden Wörtern einen korrekten lateinischen Satz mit einem Dativ des Vorteils und des Zwecks bildest. 3 BE

   Quintus – amicus – auxilium – venire

   _____

Prüfungstraining   Phase 4

4. Gib an, welches europäische Land den „Hafen" in seinem Namen hat.

   Deine Lateinkenntnisse helfen dir dabei.   1 BE

   _____

> GRUNDWISSEN

5. Erläutere kurz, was die Römer meinten, wenn sie die Herrschaftszeit des Augustus als *aetas*
   aurea" bezeichneten.   2 BE

   _____

   _____

> ANTIKE KULTUR

6. Auf der Tabula Peutingeriana, einer mittelalterlichen Kopie einer antiken römischen
   Straßenkarte, finden sich u. a. folgende Ortsnamen. Nenne die (modernen) deutschen Namen
   dieser Orte.   3 BE

   Augusta Vindelicum

   _____

   Cambodunum

   _____

   Augusta Treverorum

   _____

7. Wie bezeichneten die Römer die Grenze zu den „Barbaren" im Norden?   1 BE

   _____

8. Erkläre, was Augustus mit dem Ausruf *„Quintili Vare, legiones redde!"* ausdrücken wollte.   2 BE

   _____

   _____

                                                                              Gesamt:
                                                                              18 BE

                                                                                   45

Phase 4

28 A) Übersetzung   bis Lektion 35

Germanen bedrohen Germanen

1. Nonnulli auctores referunt exercitus Romanos quondam magnam partem Germaniae pacavisse.
2. Variis oppidis ibi conditis legati Germanorum Romam venerunt et nuntiaverunt quietem civium impetu copiarum aliorum Germanorum interruptam esse.
3. Et dixerunt: „Pax nostra mobilis est. Iterum atque iterum isti Germani nos permovent."
4. Imperator Augustus respondit: „Me vivo imperium Romanum vos numquam deseret.
5. Res magni momenti est. Murum collocabimus, qui vobis magno usui erit.
6. Tum in castra et ad turres nostras profugere poteritis."
7. Sed paucis annis post in Germania magna seditione mota aedificia Romanorum a barbaris saevientibus igne deleta sunt.

88 LW

B) Aufgabenteil

SPRACHE

1. Übersetze die folgende Ablativus-absolutus-Konstruktion (unterstrichen) auf drei verschiedene Arten. Beachte dabei die Vorgaben.   3 BE

<u>Calamitate nuntiata</u> Augustus valde territus est.

Beiordnung (temporal)	
Unterordnung (kausal)	
präpositionale Verbindung (temporal/kausal)	

2. Gib den Kasus und die Sinnrichtung des unterstrichenen Substantivs an.   2 BE

Pauperibus semper <u>auxilio</u> venimus.

_____   _____

3. Erkläre kurz, wie die Subjunktion *ne* nach Ausdrücken und Verben des Fürchtens übersetzt werden muss und weshalb das so ist.

3 BE

4. Singular ist nicht gleich Plural. Das gilt auch für die deutschen Bedeutungen mancher Substantive. Gib die Pluralbedeutung der folgenden Substantive an.   2 BE

aedis = _____   copia = _____

finis = _____   homo = _____

> GRUNDWISSEN

5. Erläutere kurz, was auf der griechischen 1-Euro-Münze dargestellt ist.
Was bedeuten die abgebildeten Motive?   2 BE

_____

_____

_____

> ANTIKE KULTUR

6. Erkläre, weshalb der Überfall des Arminius auf bzw. sein Sieg über Varus und seine Legionen von den Römern als Verrat und Treuebruch angesehen worden ist.   3 BE

_____

_____

_____

7. Ergänze den folgenden Lückentext über Nero.   2 BE

Im Alter von _____ Jahren wurde der junge, begabte Nero Kaiser.

Allgemein setzte man große Hoffnungen in den jungen Mann, nicht zuletzt, weil er vom

berühmten Philosophen _____ unterrichtet worden war.

Bald jedoch änderte sich sein Charakter und er wurde immer _____ .

Sein bekanntestes Verbrechen war der _____ _____ im Jahr 64 n. Chr.

8. Nero selbst hielt sich nicht nur für den größten Kaiser, er glaubte, auch in einem anderen Bereich großes Talent zu besitzen. Um welches Talent handelt es sich?   1 BE

_____

Gesamt:
18 BE

Phase 4

29 ◁ A) Übersetzung

bis Lektion 35

Arminius

1. Augusto principe per totum imperium diu pax erat.
2. Sed quies subito impetu nonnullorum Germanorum interrupta est.
3. Illi Germani enim, quibus Romani odio erant, Arminio duce seditionem moverant.
4. Quibus rebus cognitis Augustus Varum imperatorem contra istos barbaros legiones suas ducere iussit.
5. Is nulla suspicione permotus cum copiis per saltum Teutoburginensem[1] iter faciebat, cum subito Arminius eas ex insidiis invasit et Romanis summam calamitatem intulit.
6. Ibi enim omnes fere milites fortiter pugnantes tamen ab hostibus caesi sunt.
7. Qua clade allata Augustus magno dolore affectus est.
8. Arminius autem apud Germanos summis laudibus elatus est.

91 LW

1) saltus (-us) Teutoburgiensis: der Teutoburger Wald

B) Aufgabenteil

> SPRACHE

1. Kopfrechnen: Verwandle die Formen von *ferre* wie angegeben.

3 BE

fertis ▷ Passiv ▷ Konjunktiv ▷ Imperfekt

_____ _____ _____

2. Du hast die Wahl: Wähle für die folgenden Ablativi absoluti jeweils die passende Übersetzungsmöglichkeit bzw. Sinnrichtung aus.

3 BE

Amico redeunte (freute ich mich). _____

Augusto imperante (herrschte Frieden). _____

Pace facta (kämpften die Germanen dennoch weiter). _____

3. Übersetze nur die unterstrichenen Subjunktionen und gib an, welche Sinnrichtung vorliegt.

2 BE

	Übersetzung	Sinnrichtung
Id diu studui, <u>ut</u> venires.		
<u>Cum</u> te laudarem, tamen laeta non fuisti.		

48

Prüfungstraining   Phase 4

4. Woher kommen die beiden fett gedruckten Fremdwörter? Gib das lateinische Ursprungswort
   in der Lernform und die deutsche Bedeutung an.   2 BE

   Es ist in der 7. Klasse längst **Usus, Referate** zu halten.

   _____   _____

   _____   _____

> **GRUNDWISSEN**

5. Wie bezeichnet man die große Auseinandersetzung zwischen Athen und Sparta und in
   welchem Jahrhundert fand sie statt?   2 BE

   _____

> **ANTIKE KULTUR**

6. Gib eine Kurzbeschreibung des Alkibiades in Form von vier seinen Charakter zutreffend
   beschreibenden Adjektiven.   2 BE

   _____   _____

   _____   _____

7. Wie heißt der abgebildete Tempel
   auf der Akropolis? In seinem Inneren
   befand sich eine weltberühmte Statue
   der Athene. Wer hatte sie geschaffen?   2 BE

   _____

   _____

8. Bringe die folgenden alphabetisch angeordneten Namen in die zeitlich richtige Reihenfolge.
   Beginne mit der zeitlich entferntesten Persönlichkeit.   2 BE

   Augustus – Cäsar – Nero – Perikles

   _____   _____

   _____   _____

Gesamt:
18 BE

49

Phase 4

30 ◁ A) Übersetzung   bis Lektion 35

Sokrates

1. Certe scire vis, qualis Socrates fuerit. Vitam agebat in foro ambulans civesque de virtute interrogans.
2. Cum saepe illis sermonibus exposuisset homines ipsos de magnis vitae rebus nihil scire, mox multis summo odio erat.
3. Qua de causa amicis invitis accusatus et damnatus est.
4. Socrate autem in carcerem[1] ducto amici custodes auro corrumpere studebant, ut isti philosophum[1] e custodia exire sinerent.
5. At Socrates occasionem fugae praetermisit dicens necesse esse leges[2] civitatis semper servari.
6. Brevi Socrati poculum[3] latum est, quod is sine mora bibit amicis vix lacrimas tenentibus.   88 LW

   1) carcer, -eris: Gefängnis 2) lex, legis: Gesetz 3) poculum, -i (hier): *Giftbecher*

B) Aufgabenteil

▷ SPRACHE

1. Forme die folgenden adverbialen Nebensätze jeweils in einen Ablativus absolutus um.   3 BE

   a) Dum Augustus vivit, cives beati erant.

   _____

   b) Postquam bellum gestum est, homines in pace vivere potuerunt.

   _____

   c) Quamquam cuncti amici invitati erant, Quintus non venit.

   _____

2. Gib an, welches Zeitverhältnis im Ablativus absolutus das PPA bzw. das PPP angibt.   2 BE

   PPA = _____   PPP = _____

3. Füge zu den folgenden Substantiven die entsprechenden Formen von *ipse, ipsa, ipsum*.   3 BE

   adulescentibus _____   matris _____

   scelus _____

50

| Prüfungstraining | | | Phase 4 |

4. Übersetze zunächst die vorliegende Form von *ferre* und setze sie dann in den Plural.   2 BE

Übersetzung	Singular	Plural
	fer	
	tulissem	

> GRUNDWISSEN

5. Erkläre in knappen Worten, was gemeint ist, wenn man sagt, ein „Damoklesschwert" hängt über jemandem.   2 BE

_____

_____

> ANTIKE KULTUR

6. Die Insel Sizilien gilt als Schauplatz zahlreicher Mythen. Gib zwei mythische Ereignisse an, die sich hier abgespielt haben sollen.   2 BE

_____

_____

7. Um welche berühmte Sehenswürdigkeit von Syrakus handelt es sich bei der Abbildung? Erkläre kurz, wie es zu ihrer ungewöhnlichen Bezeichnung kam.   2 BE

_____

_____

_____

8. „Zu Dionys, dem Tyrannen schlich ..." – wer? Und wer verfasste diese berühmte Ballade?   2 BE

_____   _____

Gesamt:
18 BE

31 A) Übersetzung

bis Lektion 36

Kaiser Augustus geschockt

1. Imperator Augustus dormiebat, cum subito nuntius quietem eius interrupit:
2. „Audi me, domine! Nam res tanti momenti est, ut differri non possit.
3. Legiones Romanae magnam calamitatem pertulerunt.
4. Nam summa prudentia adhibita tamen Varus copias nostras in tantas insidias duxit, ut omnes fere milites a Germanis caederentur.
5. Nostris se fortes praestantibus virtus usui non erat.
6. Qua de causa neque dux neque milites accusari debent."
7. Hac re cognita Augustus lacrimas non tenuit:
8. „Quanto dolore", inquit, „affectus sum! Quantopere hac clade perterritus sum!"

79 LW

B) Aufgabenteil

> SPRACHE

1. Wo ist der Ablativus absolutus? Unterstreiche jeweils die Ablativus-absolutus-Konstruktion in den folgenden Sätzen, gib die Sinnrichtung an, mit der du den Abl. abs. wiedergibst, und übersetze ihn schließlich.

4 BE

a) **Cicero clamore audito in forum properavit.**

Sinnrichtung	Übersetzung des Abl. abs.

b) **Hostibus instantibus cives Romani non desperaverunt.**

Sinnrichtung	Übersetzung des Abl. abs.

2. Setze jeweils die korrekte Form von *ipse, ipsa, ipsum* ein.

3 BE

a) Nero _____ urbem Romam incendere voluit.

b) Hoc spectaculum ei _____ placuit.

c) Sed fortuna tyranni[1] _____ misera fuit.

3. Setze die beiden Begriffe „Qualität" und „Quantität" sinnvoll in den Lückentext ein. Begründe kurz deine Entscheidung mithilfe deiner Lateinkenntnisse.

3 BE

Diese Weintrauben hier sehen wirklich sehr gut aus. Dabei handelt es sich sicher um

1a- _____ . Es sind zwar nicht viele, aber in diesem Fall kommt es

nicht auf die _____ an.

Begründung: _____

> **GRUNDWISSEN**

4. Gib an, mit welchem Partizip ein Ablativus absolutus der Vorzeitigkeit bzw. Gleichzeitigkeit gebildet werden muss.

2 BE

_____

_____

> **ANTIKE KULTUR**

5. Erläutere kurz, welche „Botschaft" dem Damokles vermittelt werden sollte, als das an einem Rosshaar befestigte Schwert über seinem Kopf aufgehängt wurde.

2 BE

_____

_____

6. Die Abbildungen zeigen zwei berühmte antike Monumente auf Sizilien. Gib an, worum es sich bei den Bauwerken handelt und wo sie stehen.

2 BE

_____   _____

_____   _____

Phase 4

7. Erläutere kurz, weshalb Sizilien und Süditalien in der Antike als *Magna Graecia* bezeichnet wurden.

2 BE

Gesamt:
18 BE

32 ◁ **A) Übersetzung**   bis Lektion 36

Der Mann mit der Tonne

1. Regno accepto Alexander Diogenem cognoscere voluit.
2. Quam ob rem nuntios misit, ut eum arcesserent.
3. Qui iter recusavit. „Ego", inquit, „regem videre nolo. Eum huc venire necesse est."
4. Et profecto Alexander Corinthum ire constituit.
5. Rex ibi a multis comitibus circumdatus statim forum petivit, ubi Diogenes iuxta dolium[1] suum iacebat sole valde ardente.
6. Alexander autem, cum solus ad eum accessisset, dixit: „Salve, Diogenes!"
7. Sed ille: „Quid vis?"
8. Rex: „Tam multa de te audivi. Dic mihi, quid a me petas!
9. Nam omnia, quae cupiveris, tibi dabo."
10. At Diogenes regem vix aspiciens respondit: „Oro, ut paulo cedas a sole."

95 LW

1) dolium, -i: Fass, Tonne

B) Aufgabenteil

▷ **SPRACHE**

1. Pärchen bilden: Kombiniere jeweils die beiden Elemente der Ablativi absoluti in nominalen Wendungen und übersetze sie.

3 BE

matre   imperatore

Cicerone   viva

Augusto   auctore

54

| Prüfungstraining | Phase 4 |

2. Setze die richtige lateinische Subjunktion ein und übersetze. **3 BE**

   a) Timeo, _____ urbs incendio deleatur.

   _____

   b) _____ adfuisses, amicos vidisses.

   _____

   c) Imperator postulat, _____ veniamus.

   _____

3. Suche aus den folgenden Formen alle PPA-Formen heraus und übersetze sie. **3 BE**

   consule – consulente – adulescentibus – ducibus – despicientibus – ardentis –

   pulchritudinis – ignis

   _____   _____

   _____   _____

   _____   _____

4. Welche lateinischen Präpositionen sind hier dargestellt? Nenne sie und gib an, mit welchem
   Fall sie im Lateinischen jeweils stehen. **1 BE**

   _____ _____

   _____ _____

> GRUNDWISSEN

5. Welcher griechische „Weisheitslehrer" behauptete, dass der Mensch das Maß aller Dinge sei,
   und welcher berühmte Philosoph war sein großer Widersacher? **2 BE**

   _____   _____

   _____   _____

55

Phase 4

> **ANTIKE KULTUR**

6. Du bist im Urlaub auf Sizilien und hörst zufällig bei deinem Besuch von Syrakus den
   Erklärungen eines Reiseleiters zu. Offenbar kennt er sich aber mit der Geschichte Siziliens
   nicht so gut aus wie du. Finde drei falsche Aussagen im folgenden Text und stelle sie richtig.   3 BE

   „Syrakus war, obwohl mit prächtigen Bauten ausgestattet, doch lediglich eine unbedeutende

   Provinzstadt. Dafür finden sich hier in Syrakus die größten und besterhaltenen Tempel der

   gesamten antiken Welt. Und in den Steinbrüchen konnte der Tyrann Dionysius durch das so

   genannte ‚Auge des Dionysius' seine Gefangenen genau beobachten."

   _____

   _____

   _____

   _____

7. Welchem bekannten Athener warf man einmal beim Ringkampf vor „Du beißt wie ein Weib!"?
   Schildere kurz, wie er auf diesen Vorwurf reagierte.   2 BE

   _____

   _____

8. Nero zeigte beim Brand von Rom nicht nur verrückte Reaktionen wie z. B. das angebliche
   Singen auf dem Dach seines Palastes. Er soll auch Positives für die Bevölkerung bewirkt
   haben. Gib ein Beispiel hierfür.   1 BE

   _____

   _____

Gesamt:
18 BE